班组长质量控制知识

姚小风　编著

"理论+方法+工具+模板"四位一体

·向班组长提供·
质量控制技能提升方案

中国劳动社会保障出版社

图书在版编目(CIP)数据

班组长质量控制知识/姚小风编著. —北京：中国劳动社会保障出版社，2012

班组长职业能力提升系列丛书

ISBN 978-7-5167-0088-4

Ⅰ.①班… Ⅱ.①姚… Ⅲ.①班组管理-质量管理 Ⅳ.①F406.6

中国版本图书馆 CIP 数据核字(2012)第 312531 号

中国劳动社会保障出版社出版发行

(北京市惠新东街 1 号 邮政编码：100029)

出 版 人：张梦欣

*

北京金明盛印刷有限公司印刷装订 新华书店经销

880 毫米×1230 毫米 32 开本 6.875 印张 179 千字

2013 年 1 月第 1 版 2013 年 1 月第 1 次印刷

定价：20.00 元

读者服务部电话：(010) 64929211/64921644/84643933

发行部电话：(010) 64961894

出版社网址：http://www.class.com.cn

“班组长职业能力提升系列丛书”序言

班组长是企业生产管理的直接指挥者和现场组织者，是企业与生产员工主要的沟通桥梁，也是企业最基层的负责人。班组长管理水平的高低直接影响班组的效率和士气，从而影响企业产品的生产进度、质量以及生产安全等。

相信不少班组长在工作的过程中，都遇到过以下几大类问题：有计划无调度、紧急订单生产无秩序、生产线不均衡、现场管理混乱、工艺准备不充分、防呆措施不充分、设备维护不到位、生产效率低下、质量问题层出不穷……

“班组长职业能力提升系列丛书”力图为企业及生产一线的班组长解决上述困扰，全面阐述班组管理的实用知识与技巧，并提供了“拿来即用”的制度、方案、表单等工具，以帮助企业打造一支高士气、高效率、零缺陷、低损耗的班组。

本系列丛书具有以下三大优势。

一、知识体系健全

在生产现场，班组长的主要任务是交货期管理D（Delivery）、成本管理C（Cost）、质量管理Q（Quality）、设备管理M（Machine）、安全管理S（Safety）、班组员工与劳务管理H（Human）。“班组长职业能力提升系列丛书”按照这一体系进行分册编写，全面阐述了班组长管理基础知识、现场管理知识、安全管理知识、成本管理知识、质量控制知识、设备管理知识等，书的内容针对性强，适合开展班组长专题培训时使用。

二、突出行业班组的特殊性

在不同的行业中，班组长的工作方式、工作重点差别很大。因此，专业化、行业化的班组图书才能更好地适应不同行业班组的真正需要。“班组长职业能力提升系列丛书”根据这一需求，特别针对冶金、电力等特殊行业的班组安全管理，单独重点编写，有利于特殊行业的班组借鉴使用。

三、理论方法与实战工具相结合

“班组长职业能力提升系列丛书”突破了以前单品种班组长培训图书只讲理论方法的局限性，将理论知识与班组长的工作实践相结合，在阐述班组管理理论知识与方法的同时，还提供了大量的制度、方案、案例、表单等工具模板，真正做到了实际、实用，不仅有利于班组长建立健全自身的知识体系，还可以在实际工作中“拿来即用”或“稍改即用”。

所以，本系列丛书既可以作为企业实施生产班组管理的指导手册，也可以作为班组长进行自我培训的指导用书。

前言

“班组长职业能力提升系列丛书”第一批共推出8本，《班组长质量控制知识》是其中的一本。生产质量管理是企业管理的重要环节之一，以制定和实施质量方针、质量目标以及质量职责为任务，以质量体系为基础，通过质量策划、质量控制、质量保证和质量改进来实现所有管理职能的全部活动。

本书围绕产品质量形成过程这一主线，详细叙述了班组长在现场质量控制中会用到的管理知识、方法与实用工具。全书具有以下三大特点。

一、内容全面实用

本书内容主要包括质量管理体系审核认证、质量管理组织设计、产品设计开发质量控制、生产过程质量控制、质量检验控制、质量改进控制、质量成本控制、质量可靠性管理、六西格玛管理9大事项，针对质量问题的发现、分析与解决给出相应的工具与对策。

二、图文并茂便于阅读

本书集结了作者多年在企业指导、咨询过程中实际运用的资料和工具，其最大的特点就是以图文并茂的形式，将理论与实践密切结合，既生动地介绍了生产现场的相关理论，又将与生产一线紧密相关的案例、经验介绍给读者。

三、实战工具便于使用

因书中给出的图表、制度、方案、案例、工具大部分都是作者在生产现场经过实际演练和操作的，所以读者只需根据本企业的生产实际稍加改动或“拿来即用”，就可以让它们在生产现场的质量管理工作中发挥作用。

在本书编写的过程中，孙立宏、刘井学、董越、杨扬、刘伟负责资料的收集和整理，赵帅、董芳芳、任玉珍、李苏洋、邱志跃负责图表的编排，李育蔚负责编写了本书的第1章，刘柏华负责编写了本书的第2章，韦建华负责编写了本书的第3章，滕晓丽负责编写了本书的第4章，韩伟静负责编写了本书的第5章，程淑丽负责编写了本书的第6章，王胜会负责编写了本书的第7章、第8章，王凯辉负责编写了本书的第9章、第10章，全书由姚小风统撰定稿。

准正锐质生产管理咨询中心

2012年12月

内容提要

这是一本关于企业实施生产现场质量控制的指导手册，是班组长进行自我培训、提升质量管理技能的指导用书。

本书从企业生产现场质量管理的实际出发，详细阐述了质量管理体系审核认证、质量管理组织设计、产品设计开发质量控制、生产过程质量控制、质量检验控制、质量改进控制、质量成本控制、质量可靠性管理、六西格玛管理9大事项，针对现场质量问题的发现、分析与解决给出相应的工具与对策，理论性、实操性二者兼具。

本书适合企业生产部管理人员、人力资源部或培训部人员、生产现场管理人员（班组长、线长、拉长、工段长等）、质量管理人员以及生产管理领域人员研究、阅读和使用。

CONTENTS 目 录

第1章　质量与质量管理

1.1　质量

1.1.1　质量的含义

质量的本质是一种客观事物具有某种能力的属性。在ISO9000：2005《质量管理体系——基础和术语》中，将质量定义为一组固有特性满足要求的程度。

质量具体细分为产品质量、过程质量、服务质量以及工作质量四种概念，具体内容见表1—1。

表1—1　　质量的细分概念一览表

细分概念	具体内容
产品质量	产品质量是满足明确和隐含需要的能力的特性总和，具体包括服务、硬件、软件、流程性材料或它们的组合
过程质量	过程质量是过程满足规定或潜在需要的特性总和，主要包括开发设计过程质量、制造过程质量、使用过程质量
服务质量	服务质量是客户对供方提供的服务的满意程度的反映，服务的质量决定于供方提供服务的方式、手段，以及服务人员的态度和技能
工作质量	工作质量是与质量有关的各项工作对产品质量、过程质量、服务质量的保证程度

1.1.2　质量的特性

质量的特性分为产品的质量特性和服务的质量特性。具体内容见表1—2。

表 1—2　　质量的特性

类别	特性	具体说明
产品质量特性	性能	产品满足使用目的所具备的技术特性
	寿命	产品在规定的使用条件下完成规定功能的工作总时间
	安全性	产品保证客户的生命不受伤害、身体和精神不受到伤害，以及财产不受到损失的能力
	可靠性	产品在规定时间内和规定的条件下完成规定功能的能力
	经济性	产品从设计、制造到整个产品使用寿命周期的成本和费用方面的特性
服务质量特性	功能性	某项服务所发挥的效能和作用，是服务质量的基本特征
	安全性	服务过程中客户的生命和财产不受伤害和损失的特征
	舒适性	服务过程的舒适程度
	时间性	服务在时间上能够满足客户需求的能力
	经济性	客户为了得到不同服务所需费用的合理程度
	文明性	客户在接受服务过程中满足精神需要的程度

1.2　质量管理

1.2.1　质量管理术语

质量管理是企业管理的重要环节之一，以制定和实施质量方针、质量目标以及质量职责为任务，以质量体系为基础，通过质量策划、质量控制、质量保证和质量改进来实现所有管理职能的全部活动。以下是有关质量管理的术语，具体见表 1—3。

表 1—3　　有关质量管理的术语一览表

术语	术语解释
质量方针（Quality Policy）	质量方针是由组织的最高管理者正式发布关于质量方面的全部意图和方向

续表

术语	术语解释
质量目标 （Quality Objective）	质量目标是在质量方面所追求的目的，通常依据质量方针制定
质量策划 （Quality Planning）	质量策划是制定质量目标并规定其运行过程和相关资源以实现质量目标，质量策划主要包括产品策划和管理策划
质量控制 （Quality Control）	质量控制是指为了达到质量要求所采取的作业技术和活动，其中作业技术包括专业技术和管理技术
质量改进 （Quality Improvement）	质量改进是指为了向企业以及客户提供更多的收益，所采取的提高产品质量活动和过程效益的各种措施
质量保证 （Quality Assurance）	质量保证是指为了能够满足质量要求，在质量体系中实施的全部有计划和有系统的活动，主要分为内部质量保证和外部质量保证

1.2.2 质量管理发展历程

质量管理的发展历程分以下三个阶段，具体内容如图 1—1 所示。

1.2.3 各国质量管理模式

1. 美国式的质量管理

美国是质量管理的发源地，十分重视质量管理理论的研究和创新，如质量检验理论、统计质量管理理论、全面质量管理理论都产生于美国。已经形成独具特色的质量管理思想、质量管理组织制度和质量管理方法。

（1）美国质量管理的特点　美国质量管理的特点有以下几个方面，具体如图 1—2 所示。

（2）质量管理思想与组织制度　美国企业普遍重视产品质量，强调质量的综合特性和高层管理人员的质量责任，注重工序过程中的预防以及质量指标的完成等管理思想。

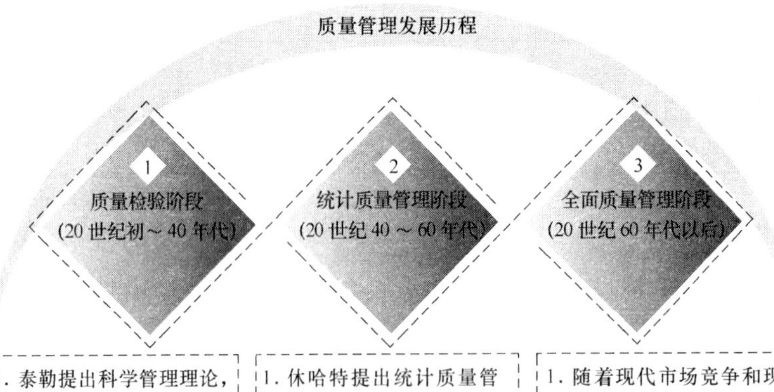

质量检验阶段	统计质量管理阶段	全面质量管理阶段
1. 泰勒提出科学管理理论，建议质量检验与生产分工，建立专职检验制度 2. 成立一支专职检验队伍，对产品质量进行检查，剔除不合格品 3. 专职检查属于事后把关，只能剔除不合格品，无法在生产过程中起到预防、控制的作用	1. 休哈特提出统计质量管理理论，从单纯依靠质量检验事后把关，发展到工序管理，突出质量的预防性控制和事后检验结合的管理方式 2. 统计质量管理着重于应用数量统计方法去控制生产过程的质量，其方法包括表征工序能力“±3σ法”、控制图理论、抽样检验理论 3. 统计质量管理方法减少了不合格品的产生，降低了生产费用	1. 随着现代市场竞争和现代化大生产对质量管理的要求，朱兰与费根堡姆提出了全面质量管理的理论 2. 日本为了有效推行全面质量管理，创造质量管理的 7 种工具，即直方图、分层法、柏拉图、因果图、检验表等 3. 全面质量管理是以质量为中心，以全员参与为基础，目的是通过客户满意和企业所有成员及社会收益而达到预期成功的管理途径

图 1—1　质量管理的发展历程

美国企业的质量管理组织制度是与质量管理思想相适应的。在美国企业中，质量经理和质量管理专家是质量管理的核心人物，他们将解决质量问题的权力分散到各部门，由各部门对产品质量出现的问题加以解决。另外，企业还在组织内部设置质量促进委员会、可靠性委员会等质量管理机构。

（3）质量管理方法　美国的质量管理方法主要是全面质量管理、PDCA 循环法、六西格玛等方法，这些方法将会在本章下一节进行

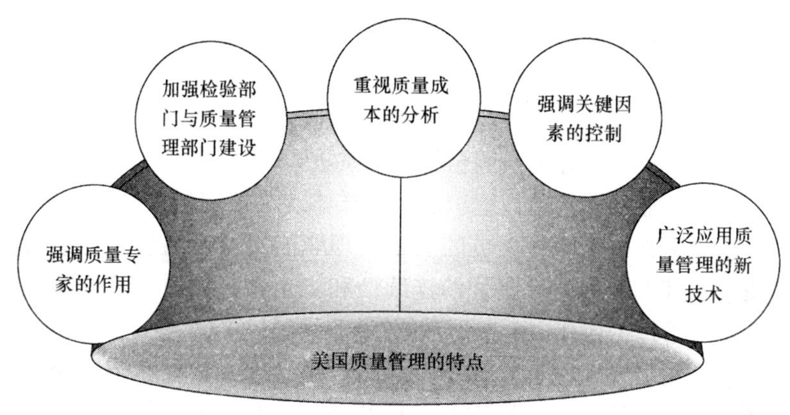

图 1—2　美国质量管理的特点

详细阐述。

2. 日本式的质量管理

日本企业从自身的实际和文化出发，形成了具有自己特色的质量管理模式。

（1）日本质量管理的特点　日本质量管理的特点有以下几个方面，具体如图 1—3 所示。

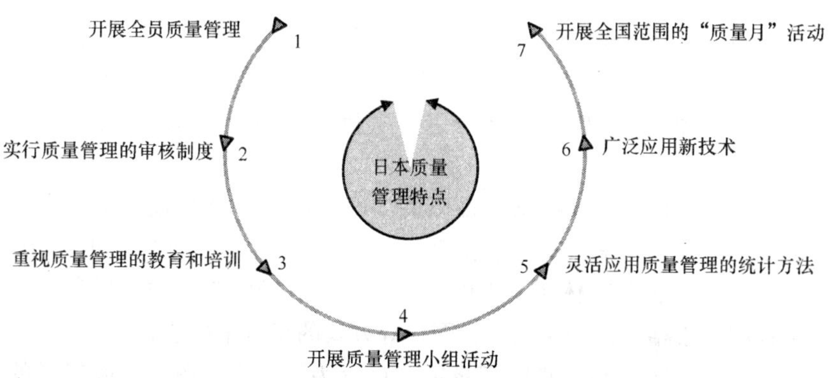

图 1—3　日本质量管理的特点

（2）质量管理思想与组织制度　日本企业的质量管理思想是以“零缺陷”的质量管理为理念，对出现质量问题的产品进行仔细研究，找出质量管理中存在的问题。企业追求产品的适用性，不以合格率为主要标准，并且强调全员参与质量管理。

日本企业的质量管理组织制度同样体现了他们的质量管理思想。日本企业重视一线操作人员的质量管理职能以及产品形成早期阶段的质量管理，注意生产质量的连续性和稳定性，加强与跨企业组织进行质量管理的协作。

（3）质量管理方法　日本企业的质量管理方法是在美国企业的质量管理方法的基础上形成的。日本企业注重全公司甚至全社会质量管理以及对质量问题的“诊断”。主要的管理方法有质量功能展开法。此方法将会在下一节进行详细阐述。

3. 中国式的质量管理

中国的质量管理模式为 ISO 9000（GB/T19001）模式。该模式是从 1987 年版、1994 年版一直发展到 2000 年版、2008 年版的 ISO 9000 模式。2000 年版和 2008 年版全面吸收了全面质量管理的思想和理念，克服了全面质量管理的一些问题，建立了以过程为基础的完整质量管理体系。

中国引入 ISO 9000 标准时，必须在管理上、技术上把国际惯例与我国传统企业文化、企业实际情况相结合，制定合适的配套质量管理体系文件。ISO 9000 质量管理的运作技巧包括以下几点。

（1）文件与记录控制　最新的 2008 版 ISO 9000 减少了对文件数量上的强制要求，进一步推动了 ISO 9000 质量管理体系的使用。ISO 9000 质量管理体系文件的策划，应该以增值为目的，尽量使用流程图、表格、模型、注释、图片等方式的组合来描述。

ISO 9000 质量管理的记录形式可分为：文字、图表，或二者的组合，以及原始的记录凭证、工作簿等。

（2）内部审核　中国在对 ISO 9000 质量管理体系进行内部审核

时，不需要照搬西方国家审核的做法。可以根据中国企业的实际情况组织几名内审员，按 ISO 9000 教材开展工作检查。检查完毕后，将所有存在的问题进行分析并下发整改。

（3）管理评审　在 ISO 9000 质量管理体系的管理评审就是企业的年度总结，管理评审具有独立的管理评审计划、记录、报告和整改跟踪等。

1.3　常见质量工具体系

1.3.1　质量功能展开

质量功能展开（Quality Function Deployment，QFD），是一种在设计阶段应用的系统性方法，它是由日本质量管理大师赤尾洋二为日本的轮船制造业开发的，并广泛用于飞机、汽车、通信工程、家电、服装、集成电路和机械等制造业。

QFD 是指通过鉴别客户或市场的需求，将所有需求量化排序后，把具体的、关键性的需求特性转化为产品设计要求、零部件特性、工艺要求、生产要求而展开的多层次结构化设计技术。

1. QFD 的优势

QFD 是一种系统的决策技术，通过质量展开分析，将客户的需求转化为产品设计要求，进而将这些设计要求转化为合适的部件、过程和生产要求的技术。这一方法体系的优势具体体现在图 1—4 所示的 7 个方面。

2. QFD 的实施步骤

QFD 的实施步骤一般包括以下 4 个阶段，具体如图 1—5 所示。

3. QFD 的运用工具

在 QFD 体系中常用到的典型质量管理方法包括质量屋、亲和图、关联图、蓝图、层次分析法、表示各指标关系或优先项的矩阵图、树图等。

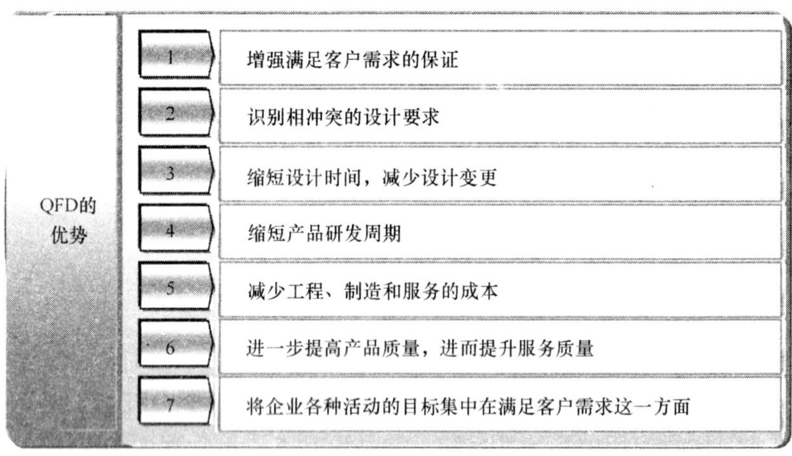

图 1—4 QFD 的优势

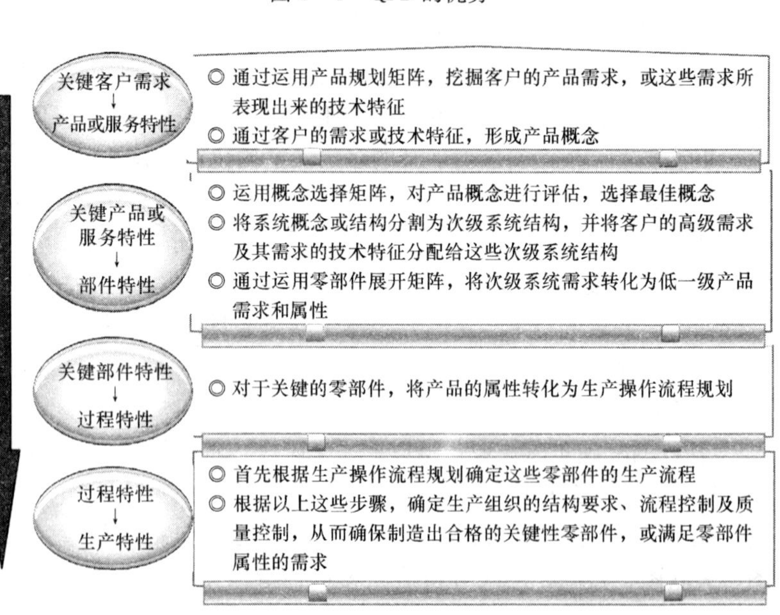

图 1—5 QFD 实施步骤示意图

1.3.2 精益生产管理

精益生产（Lean Production，LP），也称为精益制造、精良生产，就是及时生产、消灭故障、消除所有浪费，向零缺陷、零库存的目标前进，使生产制造过程加速并降低费用的系统性方法。精益生产是由美国麻省理工学院数位国际汽车计划组织的专家在研究日本丰田公司生产方式时提出的。

1. LP的本质

LP方法的实质是管理过程，在过程管理中实现零浪费，具体表现在5个方面，如图1—6所示。

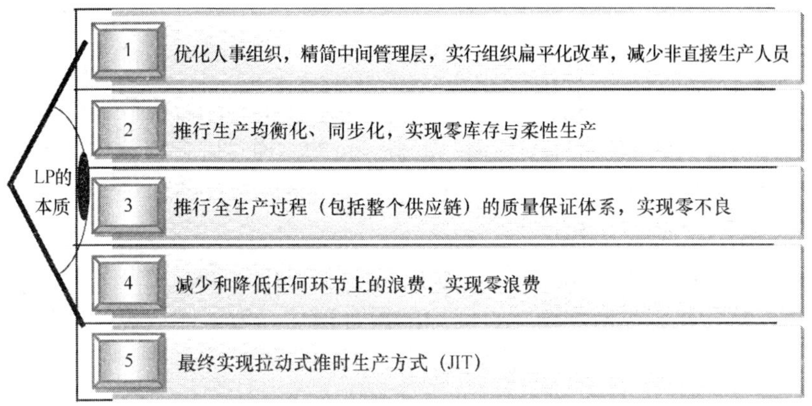

图1—6　LP的本质

2. LP的工具体系

LP的本质是通过各种工具发现浪费并一一解决，从而实现零浪费的目标。LP的工具体系如下：

（1）识别浪费的方法　识别浪费的方法包括质量新老七大手法、增值分析法、价值流分析法、防呆法（Fool Proof），还会用到挖掘客户需求的QFD工具体系。

（2）解决浪费问题所需的工具与方法　解决生产制造过程中存在的浪费问题所需要的工具与方法体系如图1—7所示。

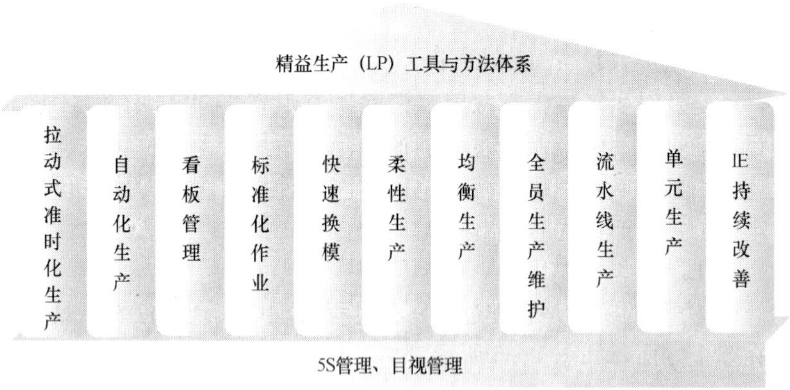

精益生产（LP）工具与方法体系

拉动式准时化生产
自动化生产
看板管理
标准化作业
快速换模
柔性生产
均衡生产
全员生产维护
流水线生产
单元生产
IE持续改善

5S管理、目视管理

图 1—7　LP 工具与方法体系示意图

（3）精益 6σ　精益 6σ（Lean Six Sigma，LSS）是精益生产与 6σ 管理的有机结合，其本质是消除浪费，目的是通过整合精益生产与 6σ 管理，吸收两种生产模式的优点，达到最佳的管理效果。

3. LP 的实施要点

从 LP 的核心思想出发，为了达到零浪费的目标，必须首先实现生产流程化、生产均衡化、资源配置合理化。为了改造传统的生产方式，实现 LP，具体实施步骤如图 1—8 所示。

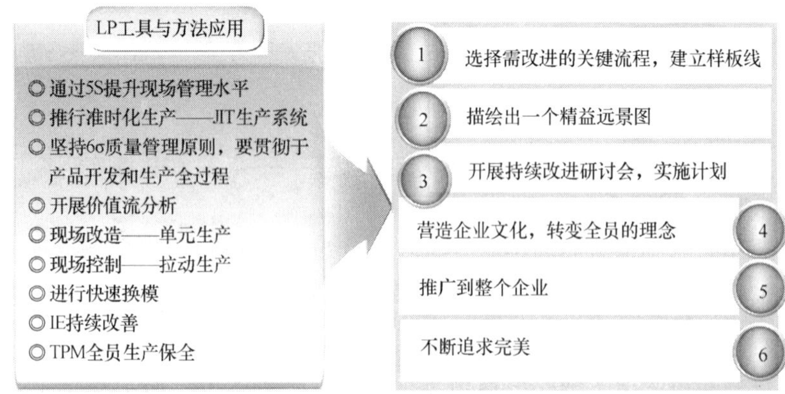

图 1—8　LP 实施的步骤

1.3.3　全面质量管理

全面质量管理（Total Quality Management，TQM）是由美国通用电气公司的费根堡姆和质量管理专家朱兰提出的。TQM是以全公司质量为中心，以全员参与为基础，把专业技术、管理技术、数理统计技术集合在一起，建立起一套科学、严密、高效的质量保证体系的管理方法。

1. TQM的特征

TQM体系包括下列基本内容：高层管理人员重视质量，注重客户需求，强调参与团队工作，并力争形成一种企业文化，督促所有员工要想方设法地持续改进组织所提供产品和服务的质量、工作过程和客户反应时间等。这些体系的特征具体如图1—9所示。

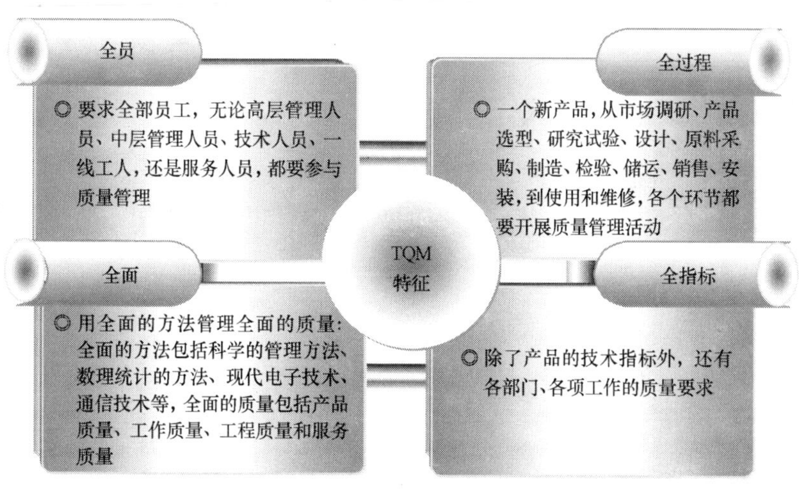

图1—9　TQM的特征

2. TQM的基本程序

开展全面质量管理工作是根据质量管理专家戴明发明的PDCA管理循环开展的1个过程、4个阶段、8个步骤的基本程序，即计划

（Plan）—执行（Do）—检查（Check）—行动（Action），具体如图1—10所示。

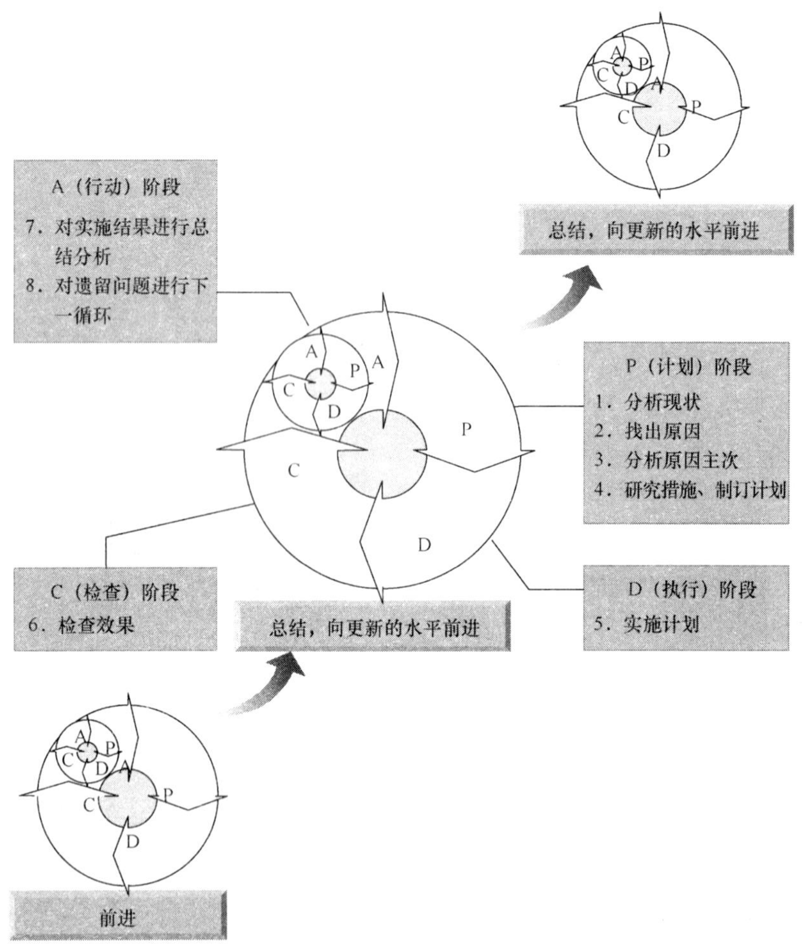

图1—10 PDCA循环上升的基本程序

3. TQM的工具和方法

在应用PDCA循环的4个阶段、8个步骤解决质量问题时，需要收集和整理大量的书籍资料，并运用科学的方法进行系统分析。在实践中，实施 TQM 涉及的工具和方法主要是新旧七种工具。

1.3.4　戴明质量管理

戴明（William Edwards Deming）博士是世界著名的质量管理专家，为了纪念戴明博士，日本设立了以戴明博士命名的“戴明品质奖”。戴明博士针对美国企业的质量问题，提出了具有代表性的“质量管理十四法”和 PDCA 循环法。

1. 质量管理十四法

“质量管理十四法”的基本内容如图 1—11 所示。

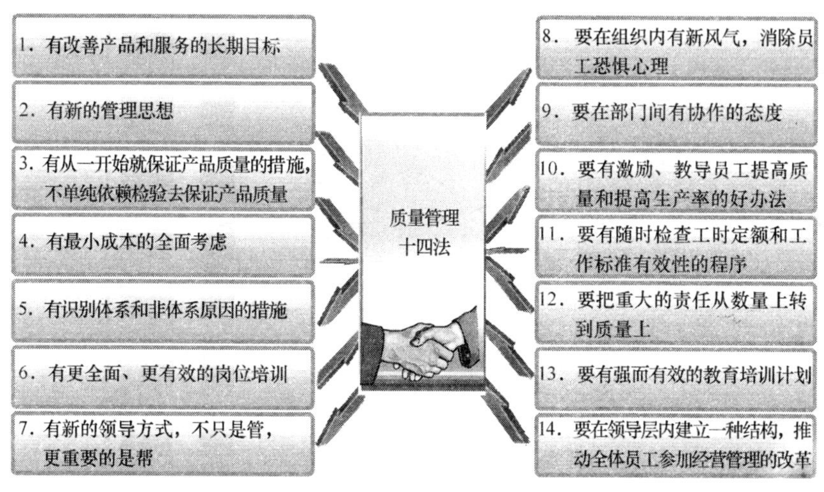

图 1—11　质量管理十四法一览图

2. PDCA 循环法

PDCA 管理循环，又称为戴明循环，它通过四个阶段来进行，这四个阶段包括：计划（Plan）、执行（Do）、检查（Check）、行动（Action），PDCA 循环法就是按照这样的顺序进行质量管理，并且循环不止地进行下去的科学程序。具体的循环特点如图 1—12 所示。

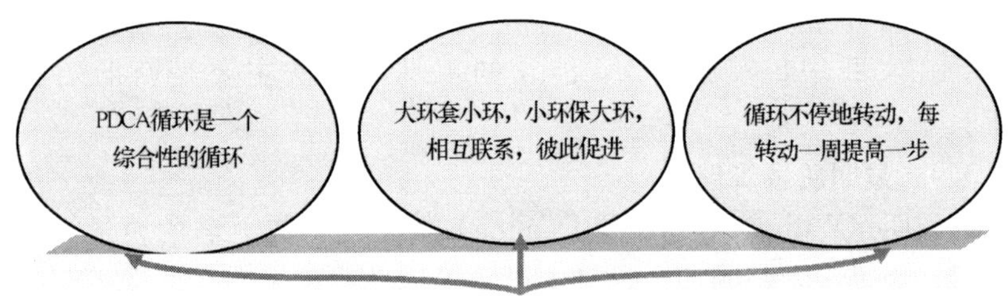

图 1—12　PDCA 循环特点示意图

（1）PDCA 循环是一个综合性的循环。4 个阶段一个都不能少。具体如图 1—13 所示。

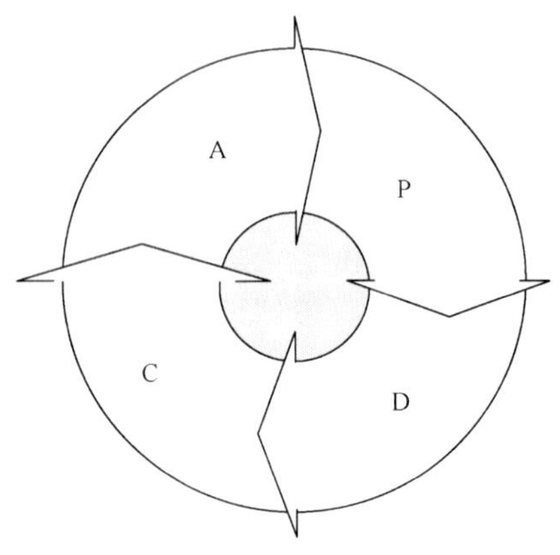

图 1—13　PDCA 管理循环示意图

（2）大环套小环，小环保大环。在某一阶段上或某一个部门内会存在制订实施计划、执行、检查和处置的小 PDCA 管理循环，成为企业大循环中的小循环。具体如图 1—14 所示。

（3）每一次 PDCA 管理循环，产品质量、过程能力或工作质量就提高一步，PDCA 管理循环是不断上升的循环，如图 1—15 所示。

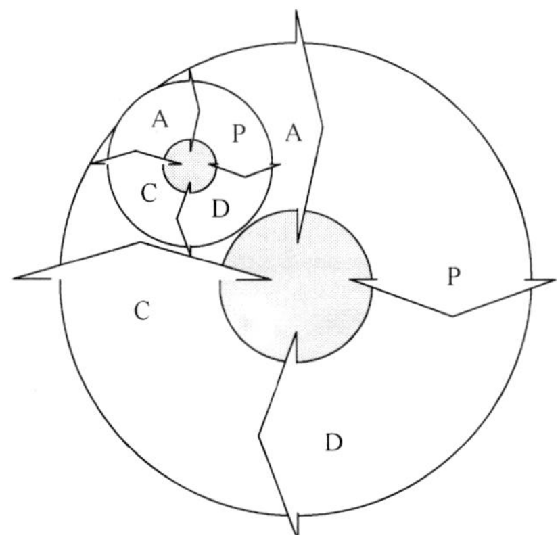

图 1—14　PDCA 大环套 PDCA 小环图

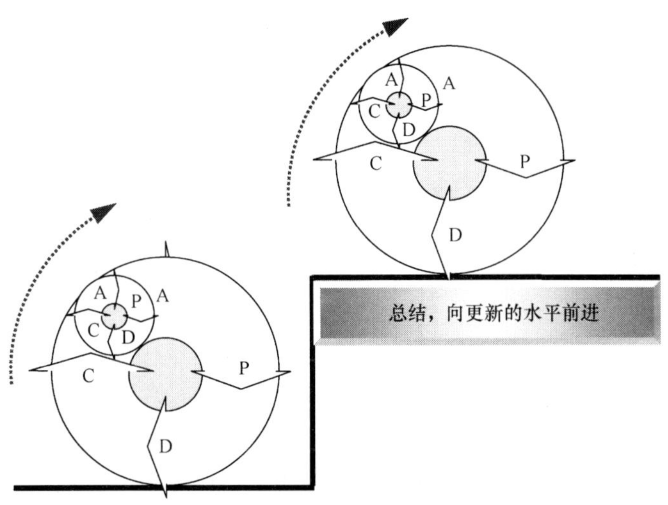

图 1—15　PDCA 管理循环是不断上升的循环

第 2 章　质量管理体系审核认证

2.1　质量管理体系

2.1.1　质量管理体系的概念

质量管理体系（Quality Management System，QMS）是指在质量方面指挥和控制组织的管理体系。

建立质量管理体系能使企业实现质量管理的方针和目标，并使研制、生产、检验、销售、使用等过程的质量管理活动有效地开展。通常质量管理体系包括如图 2—1 所示的内容。

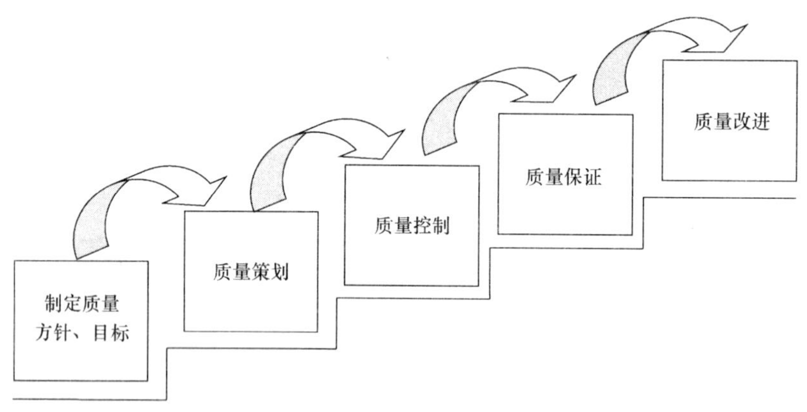

图 2—1　质量管理体系的内容

2.1.2　质量管理体系的目标

每个企业要在变化的环境中谋求生存和发展，需要建立自己的质量管理体系，做好自己的质量战略策划，设定长期的质量管理体系的目标，并通过实施质量控制、质量改进等质量管理活动来达成这个目标。

班组长需了解企业的质量管理体系目标，因为企业发展和生产现场的运作息息相关。同时，班组长也需明白在质量体系审核认证和在产品质量控制及改进的过程中配合企业相关人员工作的意义。质量管理体系的具体目标如图 2—2 所示。

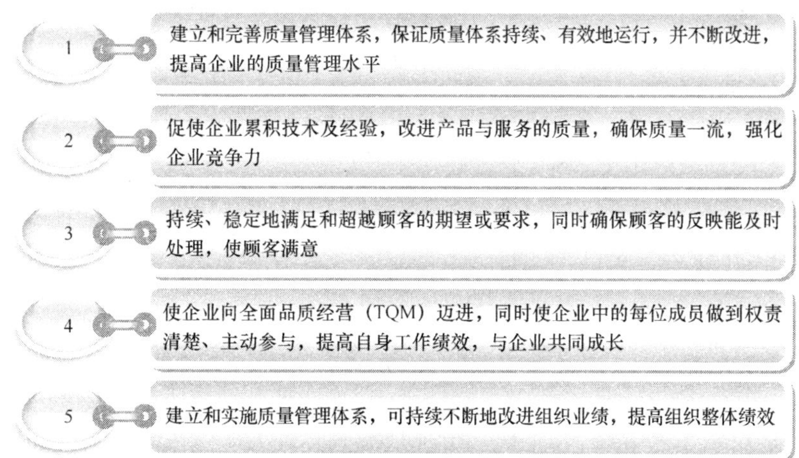

图 2—2　质量管理体系的目标

2.1.3　质量管理体系的组成

质量管理体系由适用范围、引用标准、术语和定义、质量管理体系要求、管理职责、资源提供、产品实现、测量分析和改进 8 个部分组成。

班组长需对质量管理体系具体的组成内容有大致的了解，因为质量管理体系中的管理职责和权限、产品实现、质量的改进等内容都对班组长的工作提出了基本的要求。其具体的组成构架如下：

一、范围 1. 总则 2. 应用 二、引用标准 三、术语和定义 四、质量管理体系要求 1. 总要求 2. 文件要求 (1) 总则 (2) 质量手册 (3) 文件控制 (4) 记录控制 五、管理职责 1. 管理承诺 2. 以顾客为关注焦点 3. 质量方针 4. 策划 (1) 质量目标 (2) 质量管理体系策划 5. 职责、权限与沟通 (1) 职责和权限 (2) 管理者代表 (3) 内部沟通 6. 管理评审 (1) 总则 (2) 评审输入 (3) 评审输出	六、资源提供 1. 资源提供 2. 人力资源 (1) 总则 (2) 能力、意识和培训 3. 基础设施 4. 工作环境 七、产品实现 1. 产品实现的策划 2. 与顾客有关的过程 (1) 与产品有关的要求的确定 (2) 与产品有关的要求的评审 (3) 顾客沟通 3. 设计和开发 (1) 设计和开发策划 (2) 设计和开发输入 (3) 设计和开发输出 (4) 设计和开发评审 (5) 设计和开发验证 (6) 设计和开发确认 (7) 设计和开发更改的控制 4. 采购 (1) 采购过程 (2) 采购信息 (3) 采购产品的验证	5. 生产和服务提供 (1) 生产和服务提供的控制 (2) 生产和服务提供过程的确认 (3) 标识和可追溯性 (4) 顾客财产 (5) 产品防护 八、测量、分析和改进 1. 总则 2. 监视和测量 (1) 顾客满意 (2) 内部审核 (3) 过程的监视和测量 (4) 产品的监视和测量 3. 不合格品控制 4. 数据分析 5. 改进 (1) 持续改进 (2) 纠正措施 (3) 预防措施

2.1.4 质量管理体系的要素

从整体上而言，质量管理体系主要由管理职责，资源管理，产品实现以及测量、分析和改进四大类要素构成。

1. 四大要素具体内容

质量管理体系的四大要素各自涉及若干具体内容，从而形成质量管理体系的子要素。班组长需了解质量管理体系四大要素，以便更好地了解质量管理体系。具体内容见表 2—1。

表 2—1　　　　质量管理体系要素的具体内容

要素	具体内容
管理职责	◆ 明确规定了每项活动中相关人员的职责和权限，并赋予充分的独立性 ◆ 规定了不同活动之间的接口控制和协调措施
资源管理	◆ 资源和人员是质量管理体系的基本组成部分，也是企业能生产出合格产品的必要条件 ◆ 资源具体包括人力资源、基础设施、工作环境、信息、合作关系等内容
产品的实现	◆ 包括产品实现的相关内容 ◆ 产品实现主要包括产品策划、设计开发、物资采购、生产服务等活动
测量分析改进	◆ 包括质量的测量、监视，不合格品控制，数据分析（数据挖掘），改进质量等内容

2. 四大要素关系示意图

质量管理体系四大要素中管理职责，资源管理，测量、分析和改进三大要素是产品实现的支持过程。产品实现是主过程，具体包括 7 个子过程。

班组长需了解质量管理体系四大要素的关系，明白在整个质量管理体系中所处的位置和作用。质量管理体系四大要素具体的关系如图 2—3 所示。

2.1.5　质量管理体系的文件

质量管理体系文件是信息及其载体，它能够达到信息沟通的目的。质量管理体系明确要求企业应建立完整的、科学的质量体系文件。

1. 文件的价值

班组长首先需了解质量文件的价值。质量管理体系文件的价值是可以使作业人员和企业管理人员能够彼此沟通，表达他们的意图，

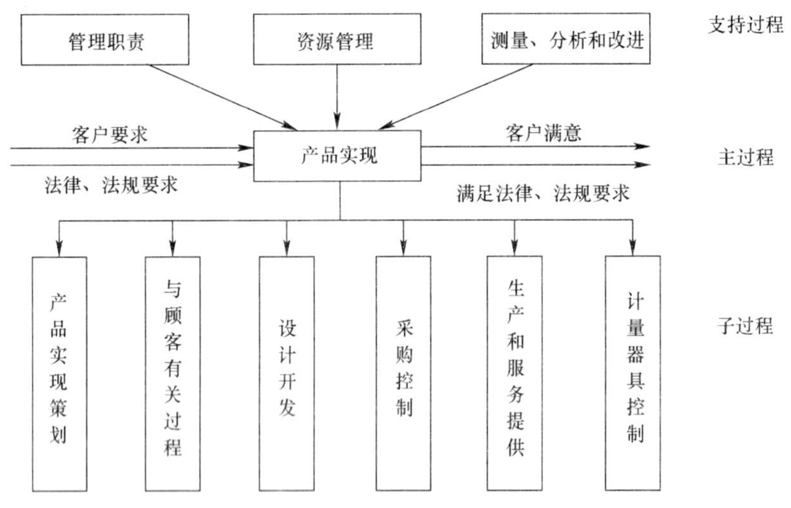

图 2—3　质量管理体系要素关系示意图

使其作业行动统一。质量管理体系文件的具体价值如下。

（1）能表达客户的要求。

（2）为质量改进提供保障。

（3）为培训提供支持。

（4）具有重复性和可追溯性。

（5）提供客观证据。

（6）评价质量管理体系的有效性和持续适宜性。

2. 文件的类型

在质量管理体系中，主要包括使用质量手册、质量计划、程序文件、作业指导书、记录文件等类型的文件，班组长需了解和学习这些文件，以便在作业过程中能够正确的使用，具体包括的文件类型如图 2—4 所示。

每个企业确定所需文件的数量和详细程度及采用的媒介都不相同，具体取决于组织的类型和规模、过程的复杂性和相互作用、产品的复杂性、顾客要求、适用的法规要求、经证实的人员能力，以

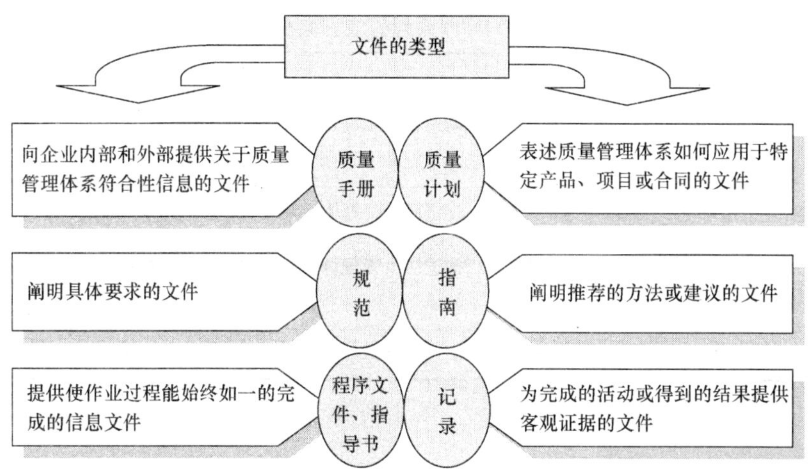

图 2—4　质量管理体系文件的类型

及满足质量管理体系要求所证实的程度。

2.1.6　ISO 9000 质量管理体系

ISO 9000 系列标准是我国现行企业实行的最广泛的质量管理体系标准，班组长需了解这些标准。

1. ISO 9000 系列标准概述

ISO 9000 系列标准是国际标准化组织（ISO）所制定的关于质量管理和质量保证的一系列国际标准。国际标准化组织（International Organization for Standardization，ISO），成立于 1947 年，总部设于瑞士日内瓦，是由各国标准化组织组成的专门研究、发布世界通用标准，并协调其实施的组织。

2. ISO 9000 系列的核心标准

ISO 9000 系列标准从 1987 年出第一版开始，到 2008 年已出版了四册。其中 2000 年出的第三版运用最为广泛，ISO 9000 系列标准的核心标准主要包括《ISO 9000：2005 基础和术语》《ISO 9001：2008 要求》《ISO 9004：2000 业绩改进指南》《ISO 19011：2002 体系审核指南》四项内容，具体的内容说明见表 2—2。

表 2—2 ISO 9000 系列的核心标准

核心标准	具体内容
ISO 9000：2005 基础和术语	阐述 8 项质量管理原则、12 条质量管理体系基本原理、定义了 80 个术语
ISO 9001：2008 要求	规定质量管理体系的要求，一般用于认证
ISO 9004：2000 业绩改进指南	阐述质量管理体系业绩改进的建议和方法，不用于认证
ISO 19011：2002 体系审核指南	阐述管理体系审核流程，用于指导审核

2.2 质量管理体系认证

2.2.1 质量管理体系认证的作用

企业实行质量管理体系认证可提高企业质量管理水平、信誉度和产品知名度，有利于产品能够顺利进入市场，降低企业的生产成本，提高企业的经济效益，享受国家的优惠政策及对获证单位的重点扶持等。

班组长需了解质量管理体系认证的作用，以便在认证评审阶段进行有效的配合。质量管理体系认证的具体作用见表 2—3。

表 2—3 实施质量管理体系认证的作用

体系认证的作用	具体内容
适应国际化大趋势	◆ 推行 ISO 9000 系列标准可在质量管理体系方面实现与国际接轨 ◆ 可消除国际贸易中由于质量管理体系方面要求不统一所造成的障碍 ◆ 适合全球经济一体化的需要 ◆ 适应国际范围内流行的管理趋同化趋势

续表

体系认证的作用	具体内容
提高企业的管理水平	◆ 促使企业建立深入细致的质量管理体系 ◆ 确定企业对各项质量活动的控制原则和控制方法 ◆ 使企业认真执行文件，使质量管理体系有效运行 ◆ 通过开展内部审核、管理评审、模拟审核，纠正和预防措施，能使企业持续改进、建立自我完善机制 ◆ 第三方认证审核监督促进企业维持和改进质量管理体系
产品质量的稳定与提高	◆ 使企业能够对所有影响质量的活动实施控制 ◆ 使企业对事先充分考虑到的各种风险，采取有效的预防措施 ◆ 促使企业保证使用合适的设备和材料 ◆ 及时针对不合格和不良趋势采取有效的纠正措施和预防措施 ◆ 形成良性循环机制
提高企业市场竞争力	◆ 实施质量体系认证可提供优质产品、优质服务 ◆ 满足用户规定的和潜在的需要 ◆ 产品生产过程质量受控，得到不断改进 ◆ 提高企业经济运行质量，增强综合实力 ◆ 努力打造业内、国内、全球知名品牌

企业实施质量管理体系认证重点不在于证书，而是通过质量体系认证取得一个综合效果。

2.2.2　质量管理体系认证准备

企业质量管理体系认证的准备工作由品管部负责，相关职能部门人员、生产现场的班组长、作业人员需全力配合。

1. 准备工作的要求

企业在质量管理体系认证之前，相关职能部门人员、生产现场的班组长、作业人员需按照以下的工作要求进行认证的准备工作，具体要求如下：

（1）保证企业质量管理体系认证按期进行审核。

（2）使管理人员和作业人员都了解审核的方式和要求，从而正确应对审核工作。

（3）进一步改进工作，尽可能减少不合格项。

（4）组织力量，以最快的速度纠正审核中提出的不合格项。

（5）给审核组留下良好的印象。

2. 准备工作的内容

相关职能部门人员、生产现场的班组长、作业人员了解准备工作的具体要求之后，需按照要求进行文件资料、作业环境等方面的准备，准备工作的具体内容见表2—4。

表2—4　企业质量管理体系认证准备工作的内容

准备工作的项目	准备工作的内容
审核前的培训	◆ 品管部组织对全部员工进行培训 ◆ 相关职能部门人员、班组长、作业人员都需学习质量方针、质量手册、程序文件和相关作业文件 ◆ 学习应对审核的培训，了解质量体系审核及其运行方式，应对审核的注意事项和对审核组提出的不合格项采取纠正措施的方法和要求
认证文件准备	◆ 将作废的、不使用的与质量体系审核无关的文件和记录清除 ◆ 将所有执行的有效文件和应保存的记录放到预定的位置 ◆ 如有需要，品管部可组织相关部门准备好管理体系文件，提交给审核组组长审核
人员准备	◆ 产品质量管理人员需确保审核期间各职能部门管理人员、班组长、作业人员在各自的岗位上 ◆ 提前确定审核陪同人员及审核问题的答复人员
环境的准备	◆ 制作张贴欢迎、指引标语，并布置在醒目的地点 ◆ 营造一种欢迎审核、欢迎提出不合格项、快速有效纠正不合格项的工作气氛

2.2.3　选择质量管理体系认证机构

认证机构是经国家批准认可的能独立开展第三方认证的机构。

企业在质量体系运行一段时间之后，可向认证机构提出认证申请。因此，在进行质量管理体系认证之前，需进行认证机构的选择。

1. 选择认证机构应考虑的因素

在我国全国范围内，共有 60 多家质量认证机构，它们之间存在着很大的不同。企业需根据实际情况选择合适的认证机构。企业在选择认证机构上需考虑以下方面的因素，具体考虑因素如图 2—5 所示。

具有经批准认可的业务范围

企业当前的认证机构必须经国家相关部门批准认可，满足基本的资质要求，这是基本条件，同时尽可能选择具备多项认证资质的认证机构

认证机构的服务质量

认证机构是一种中介服务，提供的服务条件因管理水平、历史、经济实力等因素不同而有较大的差异，企业应选择服务质量好的认证机构

选择认证机构应考虑的因素

收费标准

大多数认证机构都是按照国家规定的收费标准收取认证费用，但是可能存在个别认证机构恶意降价竞争而又不能保证服务质量的情况，企业需特别注意

保留选择权利

企业不要将选择认证机构的权利交给咨询机构，咨询机构一般在企业获证后即撤出，而不能保证后续的服务，而企业获证之后还要接受认证机构的复审

图 2—5　选择认证机构应考虑的因素

2. 如何选择认证机构

企业无论是选择哪家认证机构，首选都应选择经国家认可的认证机构。主要的识别办法是请该机构出示本国认可机构颁发的认可证书，以防止认证结果失效，造成时间和金钱上的浪费。然后根据认证机构的服务质量、收费标准等综合考虑选择合适的认证机构。

对于顾客要求提供指定的认证机构的认证证书，可向顾客指定的认证机构申请。

2.2.4　质量管理体系认证实施

班组长需对质量管理体系认证的实施过程有大致的了解，以便合理地安排生产与认证评审工作的配合。质量管理体系认证的实施

过程可分为正式申请、组成审核组、初访、文件审核、现场审核、证书颁布 6 个阶段，具体实施过程如下：

1. 正式申请

申请者按照规定的内容和格式向认证机构提出书面申请，并提交质量手册以及明确提交文件的要求，提交文件的具体要求如下：

（1）如果质量方针、质量目标和其他政策未反映在质量手册中，则也应送审，送审的质量手册应符合相关条款的要求。

（2）如果送审的质量手册和其他文件不能覆盖并满足标准要求，则应补充送审或修改相应质量管理体系文件。

认证机构在收到认证申请之日起 60 天内将做出是否受理申请的决定，并书面通知申请者，如果不受理申请应说明理由。

2. 成立审核组

认证机构将指派审核组对企业进行评审，审核组的正式成员将由注册审核员组成，其中至少有一名注册主任审核员，必要时也会聘请技术专家协助审核工作。审核成员在审核组长的指导下开展工作。企业有权利就审核组成员提出合理的更换请求。

3. 初访

成立审核组之后，审核方将提出初访，初访时间通常由企业与审核方共同商定。初访的目的如图 2—6 所示。

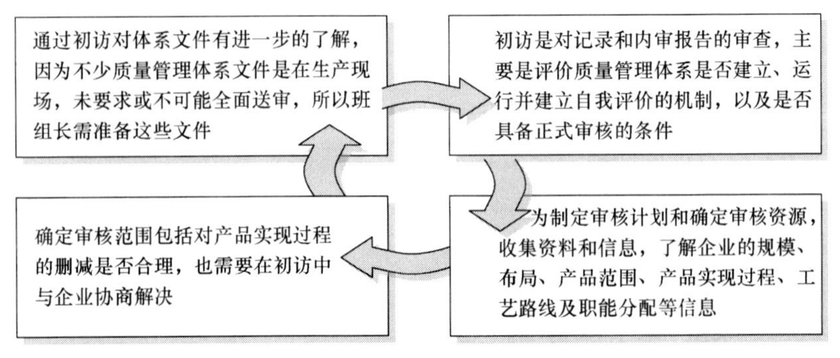

图 2—6　初访的目的

4. 文件审核

文件审核是对组织质量管理体系文件的审查，其主要目的是评价质量管理体系文件是否满足审核目的、范围和审核准则的要求，以确定企业是否具备认证条件。

文件审核主要是判断质量管理体系各过程中是否予以识别并适当表述，过程职责是否予以分配。一般情况下，文件审核分为文件初审和现场审核时的文件审查。文件初审是检查质量管理体系文件与认证标准的符合性和充分性，现场审核时的文件重点是审查质量管理体系文件的适宜性和可操作性。

5. 现场审核

现场审核通过召开评审会议和现场实际检查的形式来进行，具体的现场审核程序见表 2—5。

表 2—5　现场审核程序

步骤	具体说明
首次会议	◆ 审核组与企业管理者和各职能部门、生产车间负责人召开首次会议，对相关内容进行确认
现场参观	◆ 审核组对审核的组织进行一般性参观，目的是取得一般印象，为下一步的审核做准备 ◆ 各部门主管、班组长需按照质量管理体系规定的管理程序，指导相关人员进行工作，对审核组提出的问题予以回答
信息的收集和验证	◆ 审核人员应在审核过程中收集信息，并对收集的信息进行验证，必要时可利用其他信息资源，经验证的此类信息作为审核证据 ◆ 各部门主管、班组长需提供审核员要求的信息文件，配合审核员的信息收集和验证
审核发现	◆ 对收集的证据，需根据审核准则进行评价，形成审核发现，审核发现可分为符合项和不符合项
评定	◆ 审核组成员研究审核情况，对审核结果做出实事求是的评价，评价结果应有明确结论，即推荐、推迟推荐或不推荐
末次会议	◆ 末次会议应与企业的管理者以及各职能部门、生产车间负责人共同举行 ◆ 末次会议的目的是以会议的方式提出审核结论，以确保审核结论得到企业的理解和确认

6. 颁布证书

认证机构审核组在提交的审核报告中，对符合规定要求的企业批准认证，向被审核者颁发体系认证书，证书有效期 3 年。对不符合规定要求的也应书面通知申请者。

2.3 质量管理体系审核

2.3.1 质量管理体系审核内容

班组长需了解具体的审核内容，学习与自己相关的生产与质量管理过程中的评审事项，以便进行正确有效的作业安排，确保涉及项目能够顺利地通过。

1. 审核的主要项目

质量管理体系审核工作是确保质量体系符合企业的实际情况的最重要的一部分工作，主要的审核项目如图 2—7 所示。

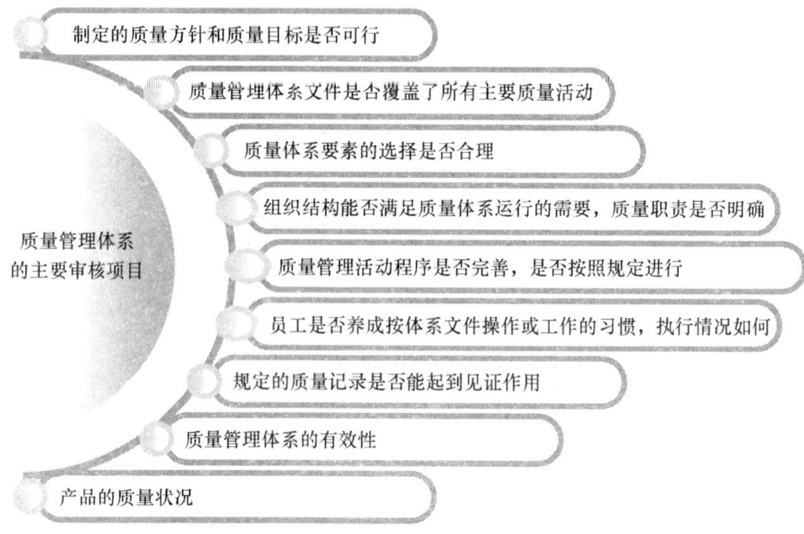

图 2—7　质量管理体系的主要审核项目

2. 审核的具体内容

质量管理体系审核主要分为内部审核、管理评审、外部审核三类，具体的审核内容基本相同，主要包括对质量管理体系的要求、管理职责、资源管理、产品的实现以及测量、分析和改进等项目的审核，具体的审核内容见表2—6。

表2—6　　内部审核的具体内容

项目	具体方面	审核内容
要求	总要求	◆ 是否按标准要求建立、实施、保持和改进质量管理体系 ◆ 质量管理体系及过程测量和监控点是否确定并有效
	文件要求	◆ 对质量手册、文件控制、记录控制等内容的审核
管理职责	管理承诺	◆ 最高管理层对其建立和改进质量管理体系的承诺及采取的措施
	以顾客为关注焦点	◆ 证实顾客需求转化为相应要求，并得到了满足
	质量方针	◆ 质量方针的制定能否满足标准的要求，各层次对质量方针的理解程度
	质量目标	◆ 质量目标是否有可测量性，与质量方针是否一致，分解的适宜性
	策划	◆ 是否明确质量管理体系各过程相应的职能和岗位 ◆ 各部门和岗位的职责、权限及相互关系是否清楚、协调
	管理者代表	◆ 管理者代表采取什么措施来实现自己的职责和权限
	管理评审	◆ 管理评审的执行人、时间间隔、输入及输出是否符合标准的规定 ◆ 管理评审输出的改进措施是否进行了跟踪验证

续表

项目	具体方面	审核内容
资源管理	资源提供	◆ 资源提供的途径以及提供了哪些资源 ◆ 提供的资源是否能确保提供的产品达到顾客满意
	人力资源	◆ 各类人员的能力、胜任情况、培训的有效性等
	基础设施	◆ 设施、设备是否符合实现产品的需要，是否得到了维护
	工作环境	◆ 组织所处的工作环境条件是否满足需要，是否到了管理
	信息	◆ 组织是否建立了质量与可靠性信息系统
产品实现	产品实现的策划	◆ 产品实现过程是否形成了必要的文件 ◆ 是否规定了相应的验证和确认活动及验收准则 ◆ 是否针对具体的产品、项目或合同编制了必要的质量计划
	与顾客有关的过程	◆ 确定顾客的要求是否满足，对于顾客投诉诸方面与顾客的沟通
	设计和开发	◆ 对设计和开发的策划、输入、输出、评审验证、更改控制进行审核
	采购	◆ 对采购过程、采购信息、采购产品的验证等内容进行审核
	生产和服务提供	◆ 对生产和服务提供的控制、过程确认、交付、技术状态的管理进行审核
测量、分析和改进	总则	◆ 是否保证对质量体系运行所需的监视和测量活动进行了规定、策划和实施
	监视和测量	◆ 对顾客满意度、内部审核、过程监视和测量、产品的监视和测量等内容进行审核
	不合格品控制	◆ 对不合格品的控制文件、评审方式、纠正验证等内容进行审核

续表

项目	具体方面	审核内容
测量、分析和改进	数据分析	◆ 对数据分析的统计技术、分析结果等内容进行审核
	改进	◆ 对质量的持续改进、纠正措施、预防措施等内容进行审核

2.3.2　质量管理体系内部审核

1. 内部审核介绍

质量管理体系内部审核是质量审核的一种，它的审核对象是组织的质量体系，目的是评价质量管理体系的符合性和有效性。班组长需配合内审人员进行内部审核工作，具体的内部审核应介绍的内容见表2—7。

表2—7　　内部审核介绍表

项目	第一方审核
审核目的	确定符合质量管理体系要求的程度，进行内部改进
审核人员	管理者代表、内部审核员或外聘审核员
审核依据	计量认证/审查认可（验收）评审准则 质检机构质量手册、程序文件、适用的法律法规和标准
审核对象	对各部门、生产过程、现场活动的审核，检验质量管理体系运行状况
审核方法	通常组建审核组，由审核员使用检查表，采取现场检查方式，系统、独立地获得客观证据，与审核准则对照，形成审核发现和结论
审核结论	使用审核发现评定质量管理体系的符合性、有效性并识别改进的机会

2. 内部审核方法

内部审核组对企业进行内部审核时，常用的审核方法有面谈、观察、查阅、验证四种方法，具体的方法如图2—8所示。

3. 内部审核的审核程序

内部审核不同于外部审核，其审核程序应由企业组织成立审核

面谈法
- ◆与当事人交谈询问获得证据，了解其对工作文件内容是否正确理解、掌握；
- ◆询问交谈的对象必须是所要收集证据的当事人；
- ◆其他人员的谈话可能有参考价值，但在未证实之前不能作为客观证据；
- ◆无关人员的谈话往往会干扰审核员的正常判断

观察法
- ◆通过观察获得客观证据最适用于检查有关人员是否按文件规定进行操作；
- ◆首先要清楚文件的要求，然后再观察操作者操作；
- ◆可通过同一岗位不同操作者的操作观察来评价文件的充分性与培训的有效性；
- ◆观察时应不被人察觉较好，否则易引起观察者的紧张造成误操作

查阅法
- ◆查阅文件和记录以获得客观证据常用在对已经过去的事实的证实；
- ◆注意记录的真实性与可信度，不真实的记录不能作为客观证据；
- ◆进行连续性检查以发现接口问题

验证法
- ◆通过对结果的验证获得客观证据，常用来证实有疑问的结果；
- ◆对被验证的结果应有一定的了解，对验证的方法有所了解；
- ◆进行验证时，被验证的人往往有不被信任的感觉，应打消对方的顾虑；
- ◆对某项结果没有疑问之处，也应按抽样计划和检查表规定，做抽查验证

图 2—8　内部审核的方法介绍图

组，按照审核的基本要求和自身特点进行。内部审核应简明可行，严格完整，闭环运转。班组长需了解内部审核的审核程序以便进行相关的配合工作。质量管理体系内部审核的程序见表 2—8。

表 2—8　　质量管理体系内部审核的程序

审核程序	人员	具体的工作内容
提出内审	品管部	◆提出内审建议，报领导同意，审批通过后确定审核组长
成立审核组	审核组长	◆确定内部审核小组成员，报领导审批 ◆各相关部门和生产现场班组长、作业人员进行内部审核的工作准备
制订审核计划	审核组长	◆领导批准后，审核组长召开小组会，明确小组成员的分工及需准备的工作文件

续表

审核程序	人员	具体的工作内容
编制检查表	审核员	◆ 小组成员根据分工编制检查表，报审核组长认可
首次会议	审核组长	◆ 首次会议，需提前通知，明确会议的要求，参与会议的人员需签字 ◆ 可以由审核组长决定取消本次会议
现场审核	审核组	◆ 审核组进行现场审核，收集证据、记录，开具不合格项报告，并要求相关部门、生产现场班组、作业人员等做出纠正的承诺。每天审核前需开碰头会，讨论前一天发现的问题 ◆ 班组长应按需接受现场的审核，提供内部审核人员所需的相关资料
末次会议	审核组长	◆ 双方都需参加签到，审核组宣读不合格项报告、结论，提出纠正要求 ◆ 班组长对于现场审核提出的改进要求，需认真对待并提出改进措施
编制审核报告	审核组长	◆ 审核组长编制审核报告，报领导批准 ◆ 审批通过后，将报告分发，并进行纠正
跟踪审核	审核员	◆ 审核人员对纠正的结果进行跟踪报道，并提出考核建议 ◆ 班组长需确保所提出的不合格项全部得到改进
考核奖惩	考核部门	◆ 确定考核奖惩标准，报领导批准，并按考核奖惩标准执行考核决定

2.3.3 质量管理体系外部评审

班组长需了解外部评审及评审实施过程，以便配合认证机构进行评审工作，接受现场审核及提供认证机构所需的资料文件。

1. 外部评审介绍

外部评审通常包括“第二方审核”和“第三方审核”。第二方审核由组织的相关方（如顾客）或由其他人员以相关方的名义进行。第三方审核由外部独立的组织进行。这类组织提供符合要求的认证或注册。外部评审具体介绍见表 2—9。

表 2—9　　外部评审的介绍表

<table>
<tr><th>项目</th><th>第二方</th><th>第三方</th></tr>
<tr><td rowspan="2">审核目的</td><td colspan="2">确定符合质量管理体系要求的程度</td></tr>
<tr><td>选择、评价、控制供方</td><td>认证注册</td></tr>
<tr><td>审核人员</td><td>用户或用户代表</td><td>外聘审核员</td></tr>
<tr><td>审核依据</td><td>合同、用户指定的产品标准，质量管理体系标准，适用法律法规</td><td>计量认证/审查认可（验收）评审准则，质检机构适用的法律法规和标准，质检机构质量手册</td></tr>
<tr><td>审核对象</td><td colspan="2">对各部门、生产过程、现场活动的审核，检验质量管理体系运行状况</td></tr>
<tr><td>审核方法</td><td colspan="2">通常组建审核组，由审核员使用检查表，采取现场审核方式，系统、独立地获得客观证据，与审核准则对照，形成审核发现和结论</td></tr>
<tr><td>审核结论</td><td colspan="2">使用审核发现评定质量管理体系的符合性、有效性并识别改进的机会</td></tr>
</table>

下面本书将对第三方评审的审核阶段进行详细的讲解。

2. 现场审核

外部评审主要实行现场审核，现场审核主要通过首次会议、现场参观、信息的收集和验证、审核发现、评定、末次会议 6 个步骤来进行，重要步骤的说明如下：

（1）首次会议　审核组与企业管理者和受审核部门的负责人召开首次会议。首次会议应由审核组长主持，会议涉及的内容如图 2—9 所示。

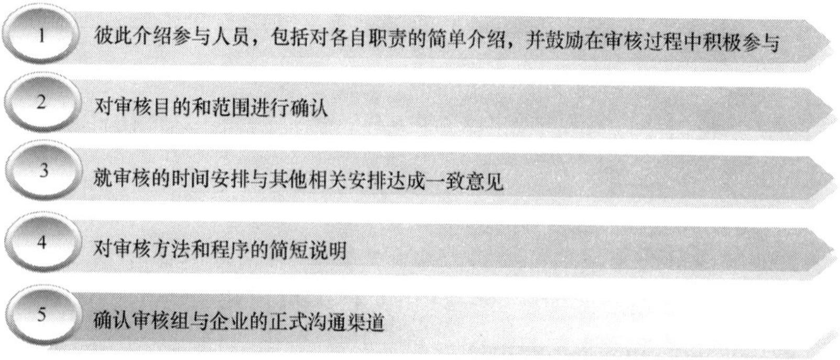

1　彼此介绍参与人员，包括对各自职责的简单介绍，并鼓励在审核过程中积极参与

2　对审核目的和范围进行确认

3　就审核的时间安排与其他相关安排达成一致意见

4　对审核方法和程序的简短说明

5　确认审核组与企业的正式沟通渠道

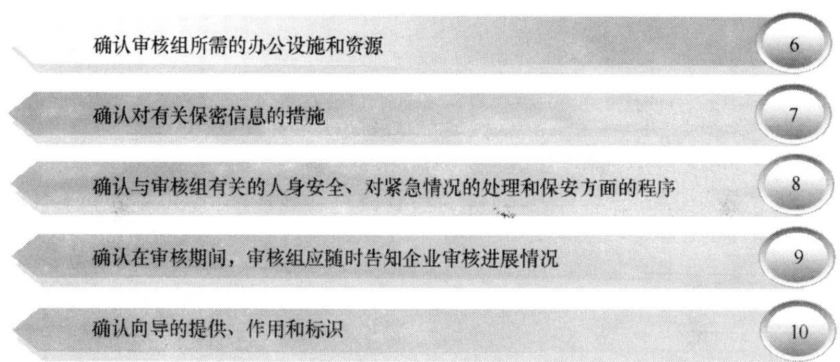

图 2—9 首次会议涉及的内容

（2）信息的收集和验证 审核员在现场评审的过程中需进行信息的收集和验证，经收集和验证的信息将作为审核证据。这些信息可通过不同的方式从多种渠道获得并予以验证，具体的渠道见表 2—10。

表 2—10 信息收集和验证渠道说明表

渠道	具体的说明
面谈	通过对企业内人员的谈话了解质量管理体系的相关信息
观察	对活动周围的工作环境与条件的观察获得信息
文件	如方针、目标、计划、形成文件的程序、作业指导书、许可证、规范、图样和订单
记录	如检验记录、会议记录、顾客投诉报告或意见本、审核报告、监控方案和测量结果
数据信息	数据的汇总、分析、图表和业绩指标
抽样验证	相关抽样方案的水平以及确保对抽样和测量过程实施有效质量控制的程序
其他	来自其他方面的报告，如顾客反馈、外部报告和零售商的评价

（3）审核发现 对所收集的证据，应根据审核准则进行评价，以形成审核发现。审核发现可分为符合项与不符合项。产生不符合项的原因和处理办法如图 2—10 所示。

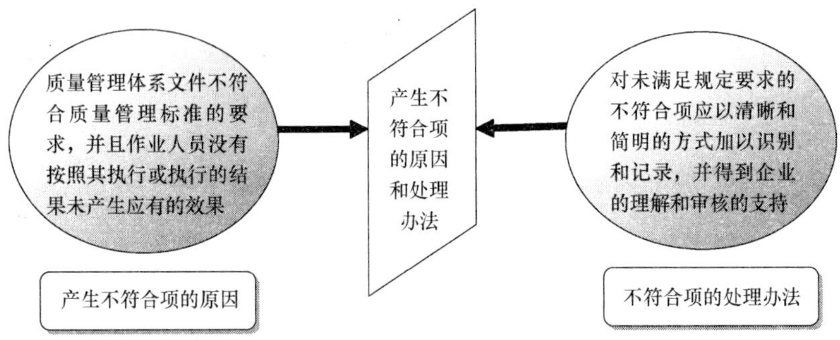

图 2—10　产生不符合项的原因和处理办法

（4）评定　审核组成员研究审核情况，对审核结果做出推荐、推迟推荐或不推荐的评价。对于推荐的，应指出进一步改进提高的方向；对于推迟推荐的，要明确指出不符合要求的地方，指出改正的方向和改正的期限；对于不推荐的，应明确地说明理由。

（5）末次会议　由审核组长主持的末次会议应与企业的管理者以及对受审核的职能负责人员共同举行。末次会议的目的是以会议的方式提出审核结论，以确保审核结论得到受审核方清楚的理解和确认。

审核组应提出审核发现和审核结论。审核组和企业之间存在任何尚未解决的意见分歧均应予以讨论，只要有可能均应予以解决。如未能解决，双方的意见应予以记录。

2.4　质量管理体系认证实务

2.4.1　质量管理体系建设制度

制度名称	质量管理体系建设制度	编　　号	
		执行部门	
第 1 章　总　　则			
第 1 条　目的 为规范质量管理体系建立、管理工作，提高公司产品和服务的质量，特制定本制度。			

续表

<table>
<tr><td rowspan="2">制度名称</td><td rowspan="2">质量管理体系建设制度</td><td>编　号</td><td></td></tr>
<tr><td>执行部门</td><td></td></tr>
<tr><td colspan="4">

第 2 条　适用范围

本制度适用于公司质量管理体系的建立。

第 3 条　管理职责

公司质量管理组织由三部分构成，包括建设领导小组、中层管理小组以及工作小组。

1. 建设领导小组

建设领导小组以最高管理者为组长，品管部经理为副组长。主要任务包括 3 个方面。

（1）体系建设的总体规划。

（2）制定质量方针和质量目标。

（3）按职能部门进行质量职能的分解。

2. 中层管理小组

中层管理小组一般由品管部经理组建，以各职能部门经理为组长，主要任务是具体组织实施质量管理体系建设的总体规划。

3. 工作小组

工作小组是各职能部门，即明确质量管理体系管理责任的单位。工作小组在工作过程中要注意以下问题。

（1）明确任务目标。

（2）明确质量管理体系建设任务的时间表、主要负责人、参与人员以及职责分工及相互协作关系。

（3）重点把握质量管理体系中的薄弱环节及关键的步骤。

第 4 条　质量体系建立阶段

建立、完善质量管理体系一般要经历四个阶段。

1. 质量管理体系的策划与设计。

2. 质量管理体系文件的编制。

3. 质量管理体系的试运行。

4. 质量管理体系的审核和评价。

第 2 章　质量管理体系的策划与设计

第 5 条　准备工作的内容

质量管理体系的策划与设计的主要任务是做好各种准备工作，包括教育培训，统一认识；组建质量管理组织；确定质量方针和质量目标；现状调查和分析等方面。

第 6 条　教育培训，统一认识

1. 决策层培训

（1）通过向公司决策层介绍质量管理的有关问题，说明建立、完善质量管理体系的迫切性和重要性。

</td></tr>
</table>

续表

制度名称	质量管理体系建设制度	编　　号	
		执行部门	

(2) 通过质量管理体系要素讲解（重点应讲解“管理职责”等总体要素），明确决策层在质量管理体系建设中的关键地位和主导作用。

2. 管理层培训

管理层人员主要指技术和生产部门的负责人，以及与建立质量管理体系有关的工作人员，他们是公司质量管理体系的骨干力量，起着承上启下的作用。

3. 执行层培训

执行层是各部门员工及生产车间、班组作业人员。对执行层培训的主要内容是与其岗位有关的质量活动，包括在质量活动中应承担的任务，完成任务应赋予的权限，以及造成质量过失应承担的责任等。

第 7 条　确定质量方针和质量目标

公司按以下要求制定质量方针和质量目标。

1. 与总方针相协调。
2. 应包含质量目标。
3. 结合组织的特点。
4. 确保各级人员都能理解和坚决执行。

第 8 条　现状调查和分析

现状调查和分析的目的是为了合理地选择质量管理体系要素，具体内容如下。

1. 分析本组织的质量管理体系情况，以便根据质量管理体系情况选择质量管理体系要素的要求。
2. 分析产品的技术密集程度、使用对象、产品安全特性等，以确定要素的采用程度。
3. 分析组织的管理机构设置是否适应质量管理体系的需要。
4. 分析生产设备和检测设备能否满足质量管理体系的有关要求。
5. 分析技术人员、管理人员和操作人员的组成、结构及水平状况。

第 3 章　质量管理体系文件的编制

第 9 条　编制工作的职责分工

1. 除质量手册需统一组织制定外，其他体系文件应按分工由归口职能部门分别制定。
2. 质量管理体系文件的编制应结合本单位的质量管理职能分配进行。

第 10 条　确定质量管理体系文件项目

为了使所编制的质量管理体系文件做到协调、统一，在编制前应制定“质量管理体系文件明细表”，将现行的质量手册、企业标准、规章制度、管理办法以及记录表收集在一起，与质量管理体系要素进行比较，从而确定新编、增编或修订质量管理体系文件项目。

续表

<table>
<tr><td rowspan="2">制度名称</td><td rowspan="2">质量管理体系建设制度</td><td>编　号</td><td></td></tr>
<tr><td>执行部门</td><td></td></tr>
<tr><td colspan="4">
第 11 条　编制要求
1. 质量管理体系文件在第一阶段工作完成后才可正式制定。
2. 为了提高质量管理体系文件的编制效率，减少返工，在文件编制过程中要加强文件的层次性、文件之间的协调。
3. 编制质量管理体系文件的关键是讲求实效，既要从总体上和原则上满足ISO9000族标准的要求，又要在具体方法上和实际操作上符合本单位的实际情况。
4. 质量管理体系文件要经过多次自上而下、自下而上的反复修改。
第 4 章　质量管理体系的试运行与审核评审
第 12 条　质量管理体系试运行步骤
1. 质量管理体系文件编制完成后，公司要进行质量管理体系试运行，以检验质量管理体系文件的有效性和协调性，并对暴露出的问题，采取改进措施和纠正措施。
2. 各部门员工及生产车间、班组作业人员需按照质量管理体系文件的要求进行作业，检验质量管理体系文件是否符合实际，对于出现的问题及时提出，以便进行改进。
第 13 条　质量管理体系试运行的注意事项
1. 有针对性地宣传质量管理体系文件，使全体员工全面深入地了解新建立的质量管理体系。
2. 在试运行时必然会出现一些问题，全体员工要将发现的问题，以及想到的改进建议反映给有关部门。
3. 相关部门要针对质量管理体系试运行暴露出的问题制定纠正措施。
4. 所有与质量活动有关的人员都应按体系文件要求，做好质量信息的收集、分析、传递、反馈、处理和归档等工作。
第 14 条　质量管理体系的审核与评价
1. 质量管理体系审核的重点是验证和确认体系文件的适用性和有效性。
2. 审核与评审的主要内容参看质量管理体系内审核控制程序以及质量管理体系管理评审制度。
第 5 章　附　　则
第 15 条　本制度由品管部制定，解释权归品管部所有。
第 16 条　本制度自总经理批准之日起生效并予以实施。
</td></tr>
</table>

编制人员		审核人员		批准人员	
编制日期		审核日期		批准日期	

2.4.2 质量管理体系认证流程

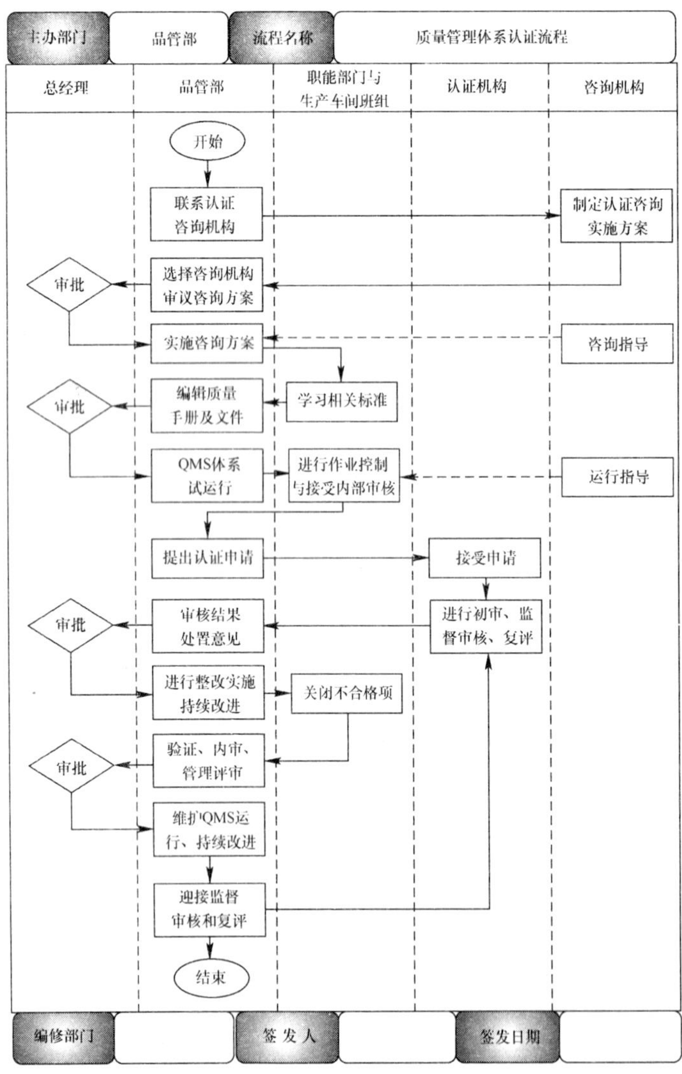

2.4.3　质量管理体系评审流程

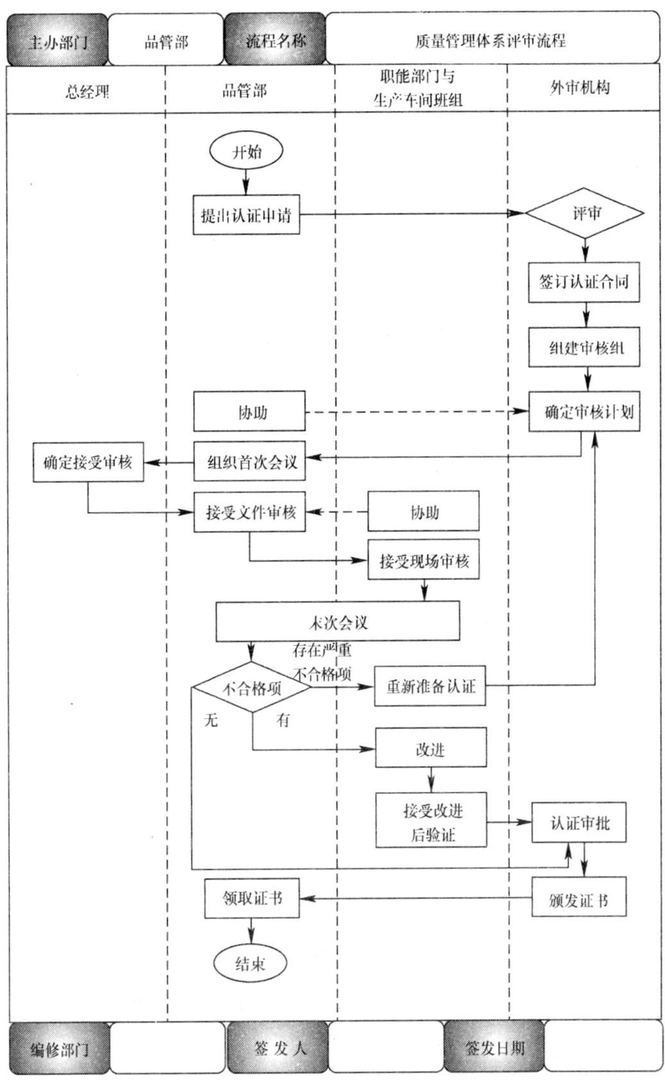

2.4.4 质量管理体系认证表单

班组长需了解质量管理体系认证检查表中相关的内容，确保所涉及的检查项目合格。具体的质量管理体系认证检查表见表 2—11。

表 2—11　　质量管理体系认证检查表

评审依据：ISO 9000		评审日期	
评审内容		符合性	评审说明
质量方针	是否制定文件化的质量方针		
	质量方针是否与组织的宗旨相适应		
	质量方针是否承诺满足要求和持续改进质量管理体系的有效性		
	质量方针是否提供制定和评审质量目标的框架		
质量目标	是否制定文件化的质量目标		
	所有相关的职能和层次上是否都制定有质量目标		
	质量目标是否包括满足产品要求所需的内容		
	质量目标是否可测量		
	质量目标是否与质量方针保持一致		
质量手册	是否编制文件化的质量手册		
	质量手册是否规定质量管理体系的范围		
	质量手册是否阐述了任何删减的细节与合理性		
	质量手册是否包括质量管理体系编制形成文件的程序或引用该体系文件		
	质量手册是否包括质量管理体系过程的相互作用的表述		
	质量手册是否包含组织为确保其过程的有效策划、运作和控制所编制的支持性文件清单		
记录	是否规定需编制 ISO 9000 标准所要求的记录		

续表

<table>
<tr><td colspan="2">评审依据：ISO 9000</td><td>评审日期</td><td colspan="2"></td></tr>
<tr><td colspan="3">评审内容</td><td>符合性</td><td>评审说明</td></tr>
<tr><td rowspan="9">文件控制程序</td><td colspan="2">是否编制文件化的文件控制程序</td><td></td><td></td></tr>
<tr><td colspan="2">是否规定文件发布前应得到批准（以判断文件是否充分）</td><td></td><td></td></tr>
<tr><td colspan="2">是否规定何种情况下需对文件进行评审、更新并再次批准</td><td></td><td></td></tr>
<tr><td colspan="2">是否规定识别文件的更改和现行修订状态的控制方法</td><td></td><td></td></tr>
<tr><td colspan="2">是否规定确保在使用处可获得有关版本的适用文件的控制方法</td><td></td><td></td></tr>
<tr><td colspan="2">是否规定确保文件保持清晰、易于识别的控制方法</td><td></td><td></td></tr>
<tr><td colspan="2">是否规定确保外来文件得到识别，并控制其分发的控制方法</td><td></td><td></td></tr>
<tr><td colspan="2">是否规定防止作废文件非预期使用的控制方法</td><td></td><td></td></tr>
<tr><td colspan="2">是否规定对所保留作废文件的标识方法</td><td></td><td></td></tr>
<tr><td rowspan="7">记录控制程序</td><td colspan="2">是否编制文件化的记录控制程序</td><td></td><td></td></tr>
<tr><td colspan="2">是否规定记录标识的控制方法</td><td></td><td></td></tr>
<tr><td colspan="2">是否规定记录储存的控制方法</td><td></td><td></td></tr>
<tr><td colspan="2">是否规定记录保护的控制方法</td><td></td><td></td></tr>
<tr><td colspan="2">是否规定记录检索的控制方法</td><td></td><td></td></tr>
<tr><td colspan="2">是否规定记录保存期限的控制方法</td><td></td><td></td></tr>
<tr><td colspan="2">是否规定记录的处置的控制方法</td><td></td><td></td></tr>
<tr><td rowspan="5">内部审核程序</td><td colspan="2">是否编制文件化的内部审核程序</td><td></td><td></td></tr>
<tr><td colspan="2">是否规定内部审核的职责</td><td></td><td></td></tr>
<tr><td colspan="2">是否规定内部审核的时间间隔</td><td></td><td></td></tr>
<tr><td colspan="2">是否规定策划内部审核方案应考虑拟审核的过程、区域的状况和重要性以及以往审核的结果</td><td></td><td></td></tr>
<tr><td colspan="2">是否规定审核的准则、范围、频次和方法</td><td></td><td></td></tr>
</table>

续表

<table>
<tr><td colspan="2">评审依据：ISO 9000</td><td>评审日期</td><td colspan="2"></td></tr>
<tr><td colspan="3">评审内容</td><td>符合性</td><td>评审说明</td></tr>
<tr><td rowspan="6">内部审核程序</td><td colspan="2">是否规定在审核员的选择和审核的实施中如何确保审核过程的客观性和公正性</td><td></td><td></td></tr>
<tr><td colspan="2">是否规定审核员不应审核自己的工作</td><td></td><td></td></tr>
<tr><td colspan="2">是否规定应保持内部审核的记录</td><td></td><td></td></tr>
<tr><td colspan="2">是否规定如何报告审核结果</td><td></td><td></td></tr>
<tr><td colspan="2">是否规定被审核区域的管理者应及时采取措施，以了解发生不合格项的原因并予以消除</td><td></td><td></td></tr>
<tr><td colspan="2">是否规定跟踪活动应包括对所采取措施的验证并报告验证结果</td><td></td><td></td></tr>
<tr><td rowspan="7">不合格品控制程序</td><td colspan="2">是否编制文件化的不合格品控制程序</td><td></td><td></td></tr>
<tr><td colspan="2">是否规定不合格品处置的职责和权限</td><td></td><td></td></tr>
<tr><td colspan="2">是否规定对不符合产品要求的产品予以识别和控制，以防止非预期的使用或交付</td><td></td><td></td></tr>
<tr><td colspan="2">是否规定处置不合格品的方法</td><td></td><td></td></tr>
<tr><td colspan="2">是否规定应保持不合格品的性质以及随后所采取的任何措施（包括所批准的让步）的记录</td><td></td><td></td></tr>
<tr><td colspan="2">是否规定应对纠正后的产品再次进行验证，以证实符合要求</td><td></td><td></td></tr>
<tr><td colspan="2">是否规定在交付或开始使用后发现产品不合格时，应采取与不合格品的影响或潜在影响的程度相适应的措施</td><td></td><td></td></tr>
<tr><td rowspan="7">纠正措施程序</td><td colspan="2">是否编制文件化的纠正措施程序</td><td></td><td></td></tr>
<tr><td colspan="2">是否规定如何对不合格品（包括顾客投诉）进行评审</td><td></td><td></td></tr>
<tr><td colspan="2">是否规定如何确定不合格品的原因</td><td></td><td></td></tr>
<tr><td colspan="2">是否规定如何评价确保不合格品不再发生的措施的需求</td><td></td><td></td></tr>
<tr><td colspan="2">是否规定如何确定和实施所需的措施</td><td></td><td></td></tr>
<tr><td colspan="2">是否规定记录所采取措施的结果</td><td></td><td></td></tr>
<tr><td colspan="2">是否规定如何评审所采取的纠正措施</td><td></td><td></td></tr>
</table>

续表

<table>
<tr><td colspan="2">评审依据：ISO 9000</td><td>评审日期</td><td colspan="2"></td></tr>
<tr><td colspan="3">评审内容</td><td>符合性</td><td>评审说明</td></tr>
<tr><td rowspan="6">预防措施程序</td><td colspan="2">是否编制文件化的预防措施程序</td><td></td><td></td></tr>
<tr><td colspan="2">是否规定如何确定潜在不合格品及其原因</td><td></td><td></td></tr>
<tr><td colspan="2">是否规定如何评价防止不合格品发生的措施的需求</td><td></td><td></td></tr>
<tr><td colspan="2">是否规定如何确定并实施所需的措施</td><td></td><td></td></tr>
<tr><td colspan="2">是否规定记录所采取措施的结果</td><td></td><td></td></tr>
<tr><td colspan="2">是否规定如何评审所采取的预防措施</td><td></td><td></td></tr>
<tr><td colspan="2">其他不符合事项</td><td colspan="3"></td></tr>
<tr><td colspan="2">备注</td><td colspan="3">1.“符合性”栏的填写指对符合标准要求的填写，符合的应填写“符合”，不符合标准要求应填写“不符合”
2.“评审说明”栏的填写指对不符合要求的填写不符合的事实
3.“其他不符合事项”栏的填写指与法律法规等其他要求不符合的事项</td></tr>
</table>

第3章　质量管理组织设计

3.1　质量管理岗位设计

3.1.1　岗位设计的原则

企业在设计各班组的质量管理岗位时，要根据班组的具体情况，分析生产现场的质量控制需求，选择设计方案，选择时必须首先考虑4点设计原则，如图3—1所示。

目标一致原则

质量岗位设计应以品质目标和任务为主要依据，因事设职，因职设人

分工协作原则

现场质量管理岗位划分、业务归口应兼顾专业分工及协助配合；在制度上，应明确分工的责任和协作的义务，在组织形式上，应将分工和协作结合起来

权责相等原则

岗位设计时必须严格保证每一职位拥有的权利与其承担的责任相称，权责相等是发挥组织成员能力的必要条件

权责明确原则

不相容的职务需进行明确的职责权限划分，确保不相容岗位互相分离、制约和监督

图3—1　岗位设计原则示意图

3.1.2　品管部的岗位设计

1. 品管部岗位设计步骤

一般情况下，品管部岗位设计工作应建立在现场生产产品类别、产品制作工序的基础上，其具体步骤如图 3—2 所示。

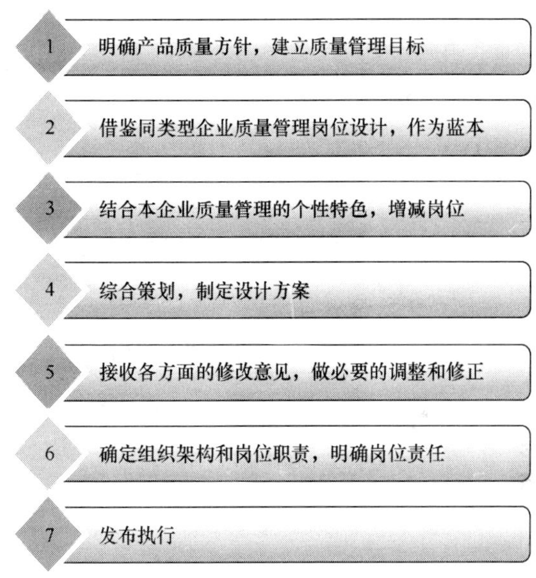

图 3—2　品管部岗位设计步骤

2. 岗位设计模板

(1) 小型企业品管部岗位设计　图 3—3 是某小型制造企业品管部内部的岗位设计结构图。

(2) 大中型企业品管部岗位设计　图 3—4 是某大中型制造企业品管部的岗位设计结构图。

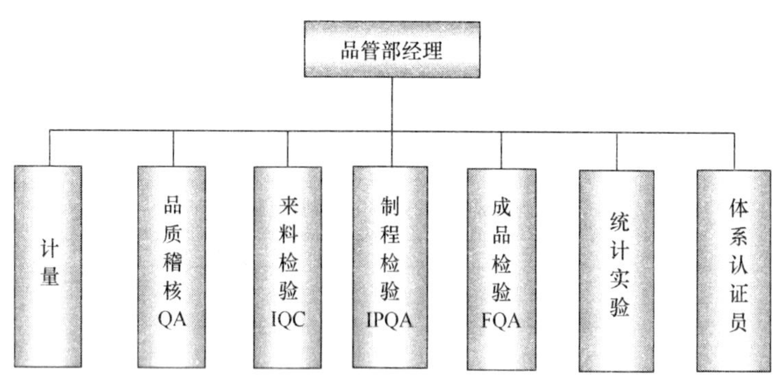

图 3—3　某小型制造企业品管部内部岗位设计结构图

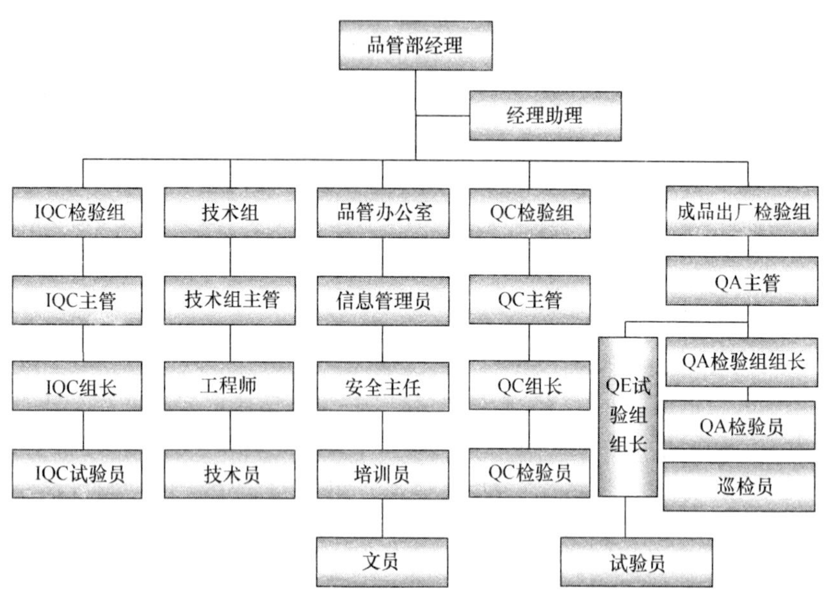

图 3—4　某大中型制造企业品管部内部岗位设计结构图

3.2　质量管理岗位职责

3.2.1　进料检验员岗位职责

岗位名称	进料检验员	所属部门	品管部
上　　级	进料检验主管	下　　级	
职责概述	主要负责对用于生产加工而领用的原材料和外协件进行投入使用前的检验，对检验不合格的物料进行处理、控制，保证生产用物料的品质。		
工作职责	职责细分		
1. 掌握进料的检验标准和方法	（1）主动向主管和老员工学习进料的检验标准和检验规范； （2）在现场仔细观察生产物料的外形特点，掌握检验技巧和方法。		
2. 对领用物料检验	（1）按照物料检验标准、要求、检验方法和物料检查程序，对物料进行投入使用前检验，出具检验报告； （2）检查物料入库检验的质量检验记录，查看物料的质量情况统计、分析记录，掌握领用物料的质量情况。		
3. 对原材料复检	（1）加强与仓库管理人员的沟通，主动跟踪各种物料的使用情况； （2）对于按规定需定期复检的物料，要进入物料库存区进行复检，以确定物料是否能够继续使用； （3）对超过保存期限的材料进行复检，确定其能否继续使用。		
4. 协助处理不合格物料	（1）对检验不合格的物料进行处理、控制、标识、反馈，提出改善要求，并追踪改善效果； （2）生产的不良品与进料检验不合格品区分标识，对需退货的物料，应协助采购部门处理退货工作； （3）加强与生产部的沟通，负责生产过程中材料异常投诉，针对异常问题进行总结并改善检验工作； （4）负责生产现场的退料检验，区分物料是制造过程损坏还是来料损坏，及时反映，协助控制物料损耗。		

续表

工作职责	职责细分
5. 记录分析检验情况	(1) 及时准确完成来料检验日报; (2) 保证检验记录及时、准确、真实、清楚; (3) 负责各类来料检验报表和报表数据统计分析工作。

3.2.2 制程检验员岗位职责

岗位名称	制程检验员	所属部门	品管部
上　　级	制程检验主管	下　　级	
职责概述	按产品的生产标准、生产方法与程序，对车间现场产品生产过程进行控制，检测半成品、在制品的产品质量。		
工作职责	职责细分		
1. 掌握制程检验标准和方法	(1) 认真学习制程检验标准，熟悉制程相关管理制度; (2) 对产品工艺、作业指导书、相关图纸文件、技术标准等进行确认及检查，监督质量工艺标准的执行过程。		
2. 检验使用器具	(1) 负责检测仪器、仪表使用前的检查工作; (2) 必须保证企业所有的自制新模具和改制模具使用前已经通过检验; (3) 正确使用检测仪器、仪表，并定时送检; (4) 执行检验仪器的管理办法，负责仪器的保养、校正等相关工作，保证制程品质的准确度、一致性。		
3. 制程检验实施	(1) 对各工序送检样板进行材料、外观、结构、功能的确认，并对确认结果负责; (2) 依据成品、半成品测试指导书及成品检验规范等，熟练掌握检验技能，快速、准确地进行检验判定; (3) 监督各工序按作业指导书作业，严格检验，避免不合格品流入下一道工序。		
4. 不合格品处理	(1) 对生产过程中出现的不合格品和不合格批次进行鉴定，监督不合格品的处理过程; (2) 对不合格率严重偏高、产品性能不稳时开出停线通知单，并汇报给上级以便分析处理; (3) 对不合格品、合格品用标识隔离区分; (4) 对班组作业人员的不良作业习惯进行监督、指导。		

续表

工作职责	职责细分
5. 质量统计分析	(1) 进行检验结果记录，每小时对检验的合格品、不合格品数量做统计记录； (2) 对制程检验工作中的产品质量信息进行收集，对统计的结果进行分析，以报告形式向领导反映。

3.2.3 产品检验员岗位职责

岗位名称	产品检验员	所属部门	品管部
上　　级	产品检验主管	下　　级	
职责概述	熟悉产品质量标准，运用合适的方法和技巧对企业产品进行检验，对不合格品进行处理。		
工作职责	职责细分		
1. 掌握检验知识	(1) 熟悉各工序产品检验标准，为准确及时判定产品是否合格做准备； (2) 熟练掌握抽样标准，提高检验技能。		
2. 产品检验	(1) 将现场生产的产品依据标准进行检验，及时、准确地判定产品是否合格，是否可进行下一道工序； (2) 根据“生产送检单”“生产单”及“成品验货申请单”的内容，对申请检验的成品进行检验工作，包括功能测试、外观、组装、包装等； (3) 对产品实行全面检验，准确判定，对即将入库的产品多抽详检； (4) 对包装好的成品按照 AQL 水准进行抽检，抽检时要检验包装材料、方式是否正确，配件是否齐全以及有无特殊要求等。		
3. 处理不合格品	(1) 对客户的退货品进行全检或抽检，记录于客户退货检验报表上，并提供不合格品给品质主管分析； (2) 对客户投诉或抱怨的事件，开出纠正预防措施单，进行跟踪并回复销售部； (3) 督促车间对处理完的不合格品重新进行质量检验，直到达到合格要求或进行报废处理。		

续表

工作职责	职责细分
4. 统计记录	（1）负责“成品入仓通知单”的填写工作； （2）每月负责统计分析成品检验合格率，对检验不合格项目进行分析并提出改善意见； （3）及时准确做好相关报表。

第4章　产品设计开发质量控制

4.1　产品设计开发中的质量管理

4.1.1　产品设计开发质量管理内容

企业应加强对产品设计开发的质量管理，确保产品设计的质量水平，使产品的设计能够满足其功能特性要求和市场需求，同时要降低产品开发设计因偏离预定设计质量目标而发生失效的风险，维护企业经济利益。

1. 加强产品设计开发方案管理

班组长应积极参与到产品设计开发方案的管理工作当中，对产品设计开发方案提出一些有关现场生产的有效见解，以供企业研发人员更改及完善产品设计开发方案。

（1）班组长根据产品市场动态及用户要求收集产品设计的相关信息，并将产品设计融入到生产当中，评估产品的可生产性，并提出建议。

（2）班组长通过收集产品各方面的资料，组织召开班组会议，对企业提出的产品设计项目进行讨论分析，并对所设计的新产品功能、结构、尺寸、参数等方面的设计要求进行生产可行性评估，并及时反馈评估意见。

（3）若班组长通过生产可行性评估认为新产品设计开发无法达到企业要求或客户需求时，应及时向企业提出修改方案或放弃产品生产。

（4）班组长应明确产品的设计质量要求，根据产品的相关资料，结合企业的质量方针和实力协助管理“产品设计开发方案”。

2. 了解产品设计开发输入的内容

产品设计输入是指设计开发形成的文件依据，主要包括产品的规范要求和产品预期用途、构成或其他特征的描述，通常以设计任务书的形式体现。班组长在了解本企业产品设计输入内容时，重点需要注意以下 4 点事项，如图 4—1 所示。

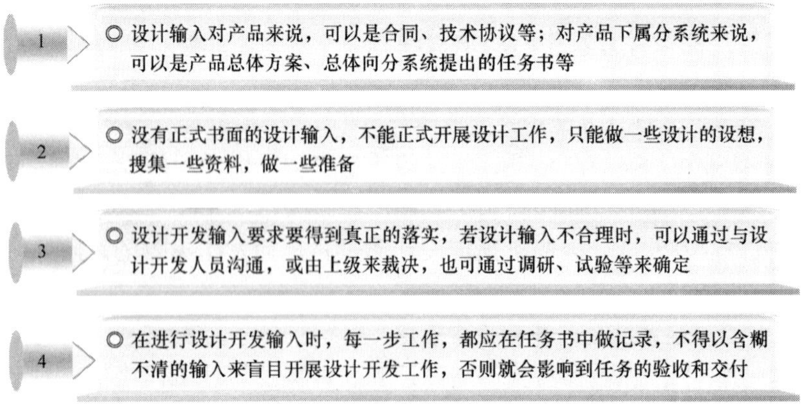

1 ◎ 设计输入对产品来说，可以是合同、技术协议等；对产品下属分系统来说，可以是产品总体方案、总体向分系统提出的任务书等

2 ◎ 没有正式书面的设计输入，不能正式开展设计工作，只能做一些设计的设想，搜集一些资料，做一些准备

3 ◎ 设计开发输入要求要得到真正的落实，若设计输入不合理时，可以通过与设计开发人员沟通，或由上级来裁决，也可通过调研、试验等来确定

4 ◎ 在进行设计开发输入时，每一步工作，都应在任务书中做记录，不得以含糊不清的输入来盲目开展设计开发工作，否则就会影响到任务的验收和交付

图 4—1　产品设计开发输入内容注意事项

3. 了解产品设计开发输出的内容

产品设计输出是指设计开发过程的结果，证明设计任务书已经完成，通常以图样、文件和实物的形式体现。班组长应了解本企业产品设计输出文件包含的内容，具体内容如图 4—2 所示。

另外，产品设计文件必须经过拟制、审核、工艺会签、质量会签、标准化检查、批准六道关口的评审。如果班组长参与其中的某一环节，应按规定的职责和权限来执行产品设计质量评估工作，以确保设计文件的质量。

4.1.2　产品设计开发中的质量评估

1. 产品设计质量评估的内容

产品设计开发质量的好坏直接关系到产品质量，如果设计开发质量出现问题，就会造成巨大的损失。作为生产一线执行人员，班

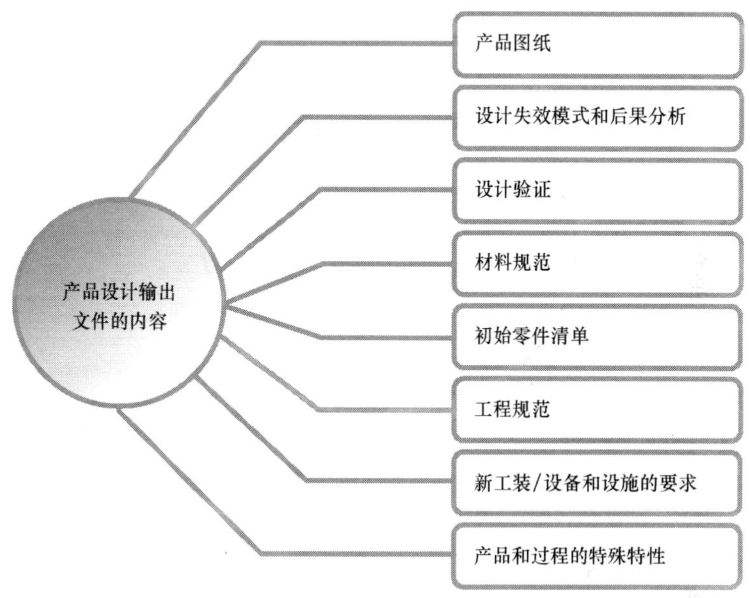

图 4—2　产品设计开发输出的内容

组长应该了解产品设计质量评估的内容，积极参与到产品设计质量的评估工作中，以便及早发现产品设计上的缺陷，把产品缺陷产生的风险规避在产品设计的最初阶段。

一般来说，对产品设计质量评估的内容具体包括以下几个方面，如图 4—3 所示。

2. 班组长在产品设计质量评估方面的职责

产品设计质量评估应由与产品研发没有直接关系的、内部的有关领域专家组成的专家小组进行，专家小组成员必须具有全面的知识和丰富的经验，能够客观、公正地对产品设计质量进行评估。在评估过程中，班组长应履行自己的职责和权限，具体如图 4—4 所示。

3. 了解产品设计早期故障分析方法

早期故障分析是为预防产品缺陷的产生，防止产生影响产品性能、可靠性、安全性的故障，对可能发生的故障和潜在的因素进行

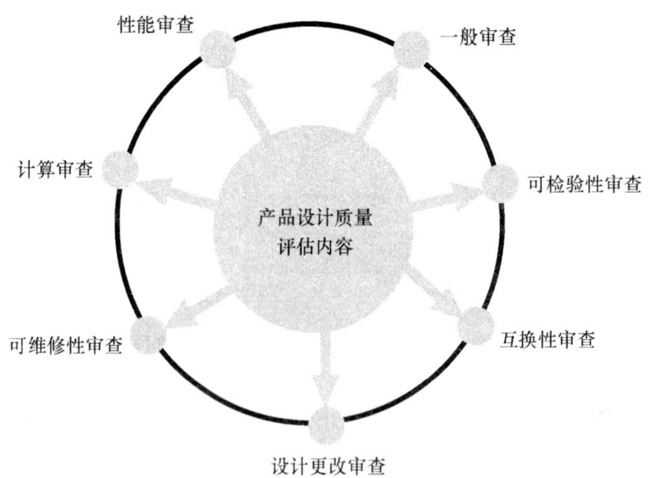

图 4—3　产品设计质量评估的内容

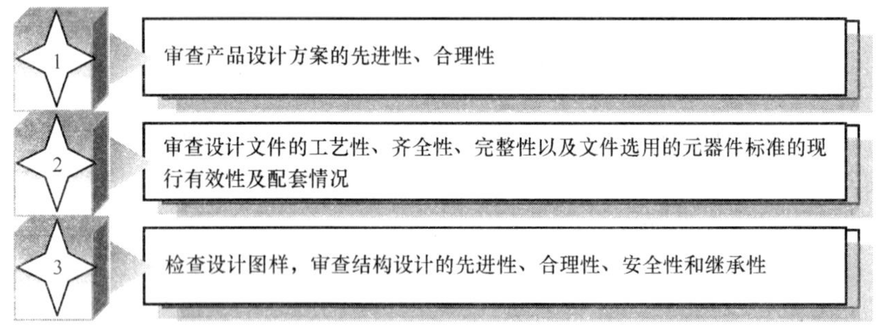

图 4—4　班组长的产品设计质量评估职责

系统的分析研究，以便提前预防和消除隐患。一般来说，常被班组长用来分析产品设计早期故障的方法主要有故障模式和影响分析法（FMEA）和故障树分析法（FTA）。

（1）故障模式和影响分析法（FMEA）　故障模式和影响分析法（FMEA）是提高产品可靠性的一种分析技术，它以产品的元件、零件或系统为分析对象，通过产品设计人员的逻辑思维分析，可以预测产品结构元件或零件装配中可能发生的产品设计的潜在故障，研究故障产生的原因及对产品质量的影响程度，并在设计上采取必要的预防措施，以提高产品的质量和可靠性。

（2）故障树分析法（FTA）　故障树是一种特殊的倒立的树状逻辑因果关系图，它用事件符号、逻辑门符号和转移符号描述系统中各种事件之间的因果关系。逻辑门的输入事件是输出事件的“因”，逻辑门的输出事件是输入事件的“果”。

故障树分析（FTA）是以故障树作为模型对系统进行可靠性分析的一种方法。它是根据系统可能发生的事故或已经发生的事故结果，去寻找与该事故发生有关的原因、条件和规律，并辨识系统中可能导致事故发生的危险源。

4.1.3　产品试制过程中的质量控制

1. 了解产品试制质量控制点

（1）产品试制质量控制点的含义　产品试制质量控制点是企业为了使试制产品的质量能够达到客户的要求和企业规定的标准，在试制过程中必须控制的原材料、外协件的质量特性、关键工艺和薄弱环节等。

（2）产品试制质量控制点的设置　产品试制质量控制主要包括三个控制点，如图 4—5 所示。

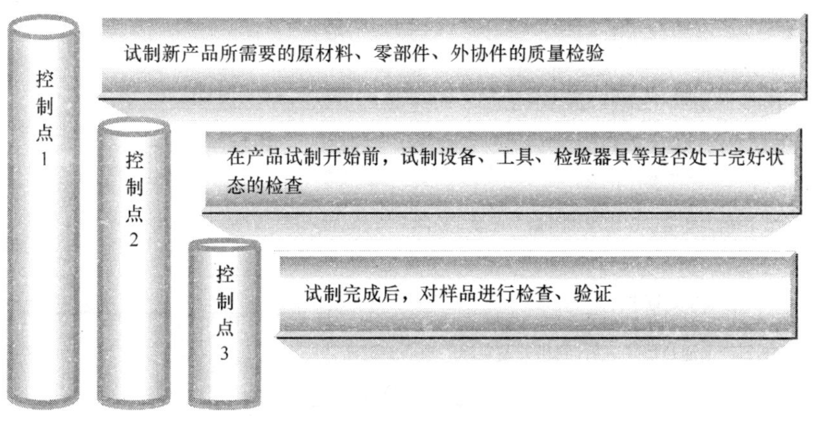

图 4—5　产品试制质量控制点的设置

2. 参与产品鉴定控制

新产品鉴定是对产品从技术上、经济上进行全面的评价，以确定是否可以进入下阶段试制或者正式投产进行批量生产。产品鉴定分类与产品试制相对应，即分为样品鉴定和小批试制鉴定，不准超越阶段进行。若属于已正式生产的产品系列，且规格已经过批准，则样品试制和小批试制鉴定可以合并进行。

在对新产品进行鉴定时，班组长应积极地参与其中，了解并掌握新产品鉴定控制的相关工作事项，具体工作事项内容如图 4—6 所示。

1．组建鉴定委员会

◎ 研发部负责确定鉴定委员会名单，其成员必须是同一技术领域或相关行业的专家，7 人以上，其中具有高级职称(副教授、副研究员以上)的人数要达到 5 人以上

2．准备相关鉴定资料

◎ 准备相关鉴定资料，如新产品鉴定大纲、试制总结报告、标准化审查报告、产品工艺技术文件、投产条件报告、经济效益分析报告、用户意见报告、产品图样及零部件样品一套备用等

3．提出鉴定申请

◎ 在完成样品试制和小批量产品试制的全部工作后，按项目管理级别向企业所在相关部门提出鉴定申请

4．领取鉴定许可证

◎ 向相关部门提交相关鉴定资料，领取鉴定许可证，并确定鉴定时间和地点

5．召开鉴定会

◎ 由相关鉴定部门组织召开新产品鉴定会

6．领取鉴定证书

◎ 新产品通过鉴定之后，到相关鉴定部门领取鉴定证书

图 4—6　新产品鉴定工作事项

3. 协助质量检验测试规范的制定

质量检验测试规范是对检验涉及的活动、过程和资源及相互关系作出的规范化书面规定，以指导检验活动正确、有序地进行。

在编制质量检验测试规范时，要依据产品的重要性和复杂程度的不同而有所区别，具体的质量检验测试规范包括检验流程图、产品质量特性分析表、检验站及重要产品的检验规程四部分内容，班组长在协助制定质量检验测试规范时，应掌握以下内容，如图 4—7 所示。

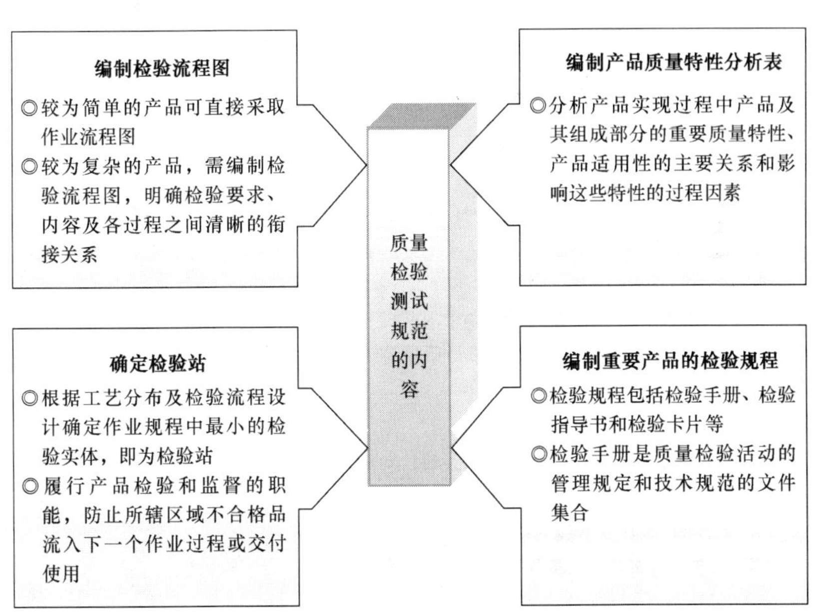

图 4—7　质量检验测试规范的内容

4.2 产品设计开发质量控制实务

4.2.1 产品开发质量控制管理办法

制度名称	产品开发质量控制管理办法	编　　号	
		执行部门	

第1章　总　　则

第1条　目的

为使企业产品研发、生产准备工作有序和顺利地进行，保证班组在产品开发过程中各环节得到有效的管理，确保产品质量，以满足企业现状、客户、相关法规等的要求，特制定本管理办法。

第2条　适用范围

本办法适用于企业新产品开发和产品改型策划时在班组环节的质量控制相关事项。

第3条　管理原则

1. 班组长协助产品研发部根据对使用要求的实际调查和科学研究成果等信息，保证和促进设计质量，使研制的新产品或改进的老产品具有更好的使用效果，更满足客户的需求。

2. 在实现质量目标、满足使用要求的前提下，班组长应考虑现有生产技术条件和发展可能，讲究加工的公益性，使设计质量易于得到加工过程的保证，并获得较高的生产效率和良好的经济效益。

第4条　管理职责分工

1. 产品研发部负责进行产品开发实施计划，编制各种清单、计划、工艺文件及流程设计。

2. 品管部负责过程中的测量系统分析及质量控制。

3. 销售、客服部门负责收集产品、市场及顾客的相关要求等信息。

4. 财务部负责过程中的产品成本核算。

5. 生产部各班班组长需配合产品策划的相关工作。

第2章　掌握产品开发质量控制目标

第5条　降低风险

班组长在协助产品研发部进行产品开发时，应树立风险意识，以减少风险为目标，具体在产品开发时要注意以下三点，如下图所示。

续表

<table>
<tr><td rowspan="2">制度名称</td><td rowspan="2">产品开发质量控制管理办法</td><td>编　　号</td><td></td></tr>
<tr><td>执行部门</td><td></td></tr>
<tr><td colspan="4">

注意事项

1 ◎ 确保产品的设计能满足功能特性要求和市场需求

2 ◎ 保证产品整体风格与外包装都满足产品特色指标

3 ◎ 必须预先考虑在产品策划开发阶段可能偏离预定设计质量目标而发生失效的风险

产品开发降低风险工作注意事项

第 6 条　投资风险规避

在产品开发过程中，由于拨款数量和拨款时机的不同可能导致对产品的研制、试验和评价的投资不足的风险，为避免此类风险，在产品前期策划过程中，班组长应积极协助配合策划人员制定较详细的资金费用预算，分阶段地投入合适比例的资金。

第 3 章　了解产品质量前期开发小组的工作要求

第 7 条　小组成员构成

1. 产品研发部经理负责组织成立跨部门的产品质量前期开发小组。

2. 产品质量前期开发小组成员由产品研发部、工艺技术部门、质量管理部、采购部、市场营销部、人力资源部、行政部等部门的人员组成，客户代表和供应商也可参加，如有必要，可邀请有关专家参加。

第 8 条　召开会议

产品质量前期开发小组成立以后，产品研发部需组织召开质量前期开发小组会议，确定开发小组的相关工作事项，具体会议内容如下图所示。

</td></tr>
</table>

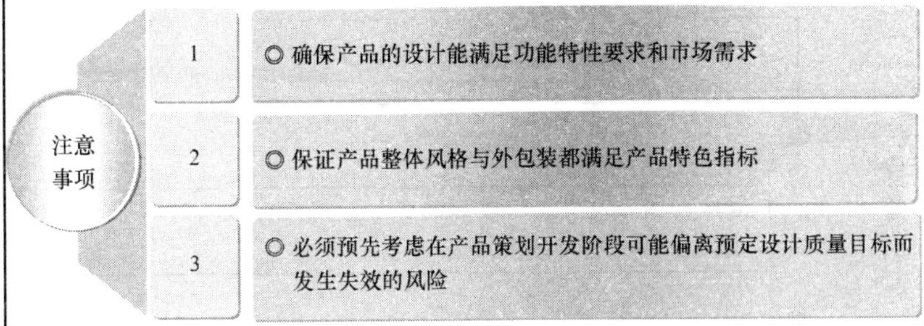

续表

制度名称	产品开发质量控制管理办法	编　　号	
		执行部门	

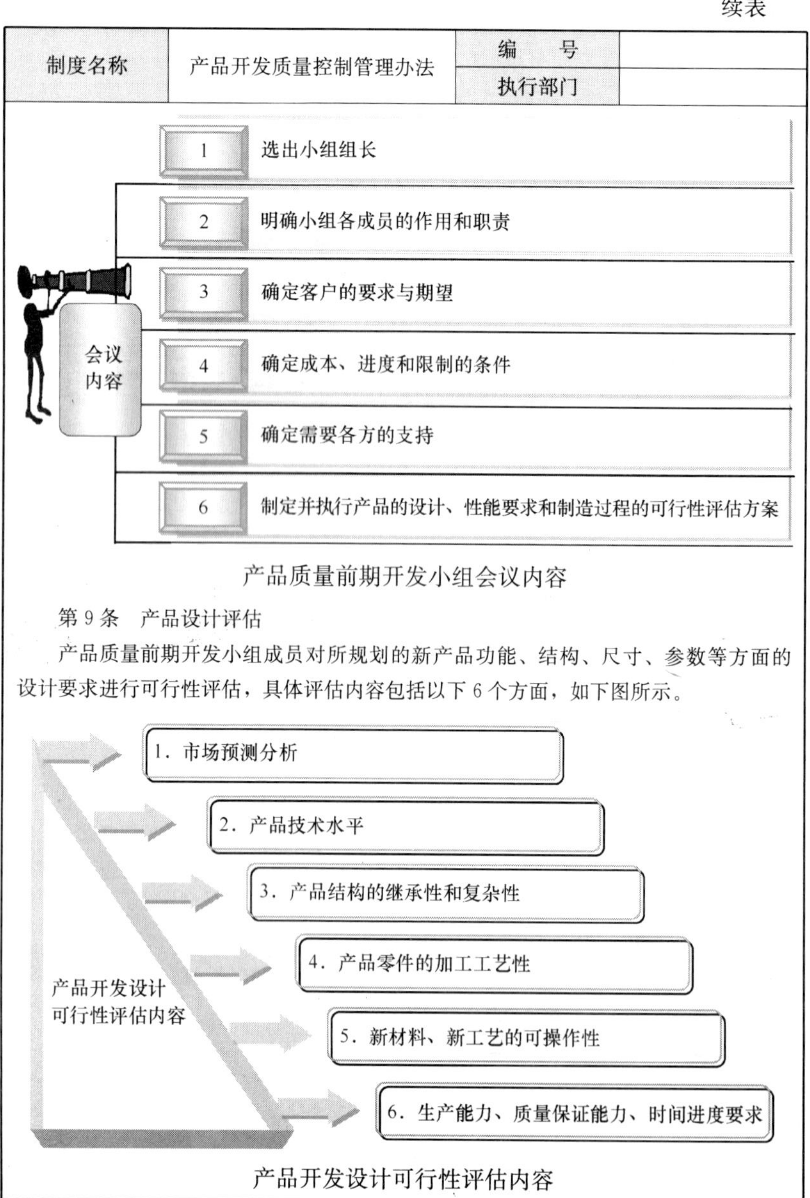

产品质量前期开发小组会议内容

第 9 条　产品设计评估

产品质量前期开发小组成员对所规划的新产品功能、结构、尺寸、参数等方面的设计要求进行可行性评估，具体评估内容包括以下 6 个方面，如下图所示。

产品开发设计可行性评估内容

续表

<table>
<tr><td rowspan="2">制度名称</td><td rowspan="2">产品开发质量控制管理办法</td><td>编　　号</td><td></td></tr>
<tr><td>执行部门</td><td></td></tr>
<tr><td colspan="4">第 10 条　会议记录
在召开产品质量前期开发小组会议的过程中，应由专人负责做会议记录（内容包括本次会议未能解决的问题），每项工作、措施应明确到责任部门和人员，同时要明确进度要求。
第 4 章　加强产品开发方案的质量控制
第 11 条　了解产品开发方案的依据
产品开发工作应基于市场调查分析、科技发展分析、客户使用要求分析、工厂现有工艺技术水平和生产能力分析等各方信息资料分析的基础上完成。
第 12 条　监督产品开发方案的审核
产品开发方案需经过严格的审核审批流程，由产品开发主管副总批准，提出开发意见，下达产品的设计指令。
第 13 条　协助产品开发方案的更改
产品质量前期开发小组通过可行性评审认为部分策划内容需要修改才能达到客户的要求时，班组长应协助进行市场调研并进一步分析，或与客户进一步沟通联系，分析意见结果，积极参加重新召开的产品质量前期开发小组会议，提供一些有效的建议。
第 14 条　建议产品开发方案取消
如果班组长通过班组会议的可行性评审认为新产品开发无法达到或满足客户的要求时，应建议产品研发部放弃该产品的开发。
第 5 章　附　　则
第 15 条　本办法由生产部与品管部负责解释、修改。
第 16 条　本办法经总经理审批通过后，自颁布之日起执行。</td></tr>
</table>

编制人员		审核人员		批准人员	
编制日期		审核日期		批准日期	

4.2.2　产品试制质量控制管理办法

<table>
<tr><td rowspan="2">制度名称</td><td rowspan="2">产品试制质量管控办法</td><td>编　　号</td><td></td></tr>
<tr><td>执行部门</td><td></td></tr>
<tr><td colspan="4">第 1 章　总　　则
第 1 条　为有效管理、整合客户需求及履行公司产品质量管理方针政策，健全新产品研发试制程序，确保产品的质量水平，特制定本办法。</td></tr>
</table>

续表

<table>
<tr><td rowspan="2">制度名称</td><td rowspan="2">产品试制质量管控办法</td><td>编　号</td><td></td></tr>
<tr><td>执行部门</td><td></td></tr>
<tr><td colspan="4">第2条　本公司所有新产品的试制在班组环节的质量管理工作均依照本办法执行。
第3条　管理职责
1. 班组长配合品管部负责对产品试制的整个过程进行质量监控与检查。
2. 产品研发部负责新产品试制的所有技术资料、图样的准备及对加工人员的指导工作。
3. 生产部负责组织加工人员按照工艺技术部的技术要求，完成新产品试制的加工工作。
4. 采购部负责新产品试制所需的各种材料。
第2章　产品试制的具体内容
第4条　新产品在正式投入批量生产前，试制一般分为样品试制和小批试制两个阶段。
1. 样品试制是指根据设计图样、工艺文件和少数必要的工具，由试制车间试制出一件（非标准设备）或数十件样品，按要求对样品进行试验，以检验产品结构、性能和设计图的工艺性，考核图样和设计文件的质量。
2. 小批试制是在样品试制的基础上进行的，主要目的是考核产品的工艺性，验证全部工艺文件和工艺装备，并进一步校正和审验设计图样；小批试制以研究为主，由工艺技术人员负责技术文件和工具设计，试制工作部门转移到生产车间进行。
第5条　产品试制的一般程序。
1. 进行新产品初步工艺设计，根据新产品任务书，安排厂房、设备和测试条件等。
2. 进行工艺分析，根据设计方案进行材料改制、元件改装、复杂自制件的加工等。
3. 进行新产品工作图的工艺性审查。
4. 编制试制用工艺卡片，如路线卡、工序卡、装配卡、特殊工艺守则等。
5. 本着经济可靠、保证产品质量的原则和产品试制的需要，设计必不可少的工艺装备。
6. 制定试制用材料消耗的工艺定额和加工工时定额。
7. 样品的零部件制造、装配时，应按质量保证计划进行，并做好记录。
8. 编写“试制总结报告”，以供样品鉴定时使用。
第3章　样品试制阶段质量控制
第6条　样品试制控制主体及其职责。</td></tr>
</table>

续表

<table>
<tr><td rowspan="2">制度名称</td><td rowspan="2">产品试制质量管控办法</td><td>编　　号</td><td></td></tr>
<tr><td>执行部门</td><td></td></tr>
<tr><td colspan="4">
1. 产品研发部将经过评审改进后最终确认的样件试制图样分发给生产车间。
2. 采购部按“生产设施配置申请表”“物料采购清单”进行采购或外委加工。
3. 工艺技术部、生产管理部负责样件的试制。
4. 质量管理部负责样件的验收和生产完成后的样机确认。
第 7 条　样品试制程序与要求。
1. 试制过程中，图样和技术资料的更改需经过严格的审批后方可执行。
2. 产品研发部完成包装规范的编制和相关图样的设计。
3. 产品研发部在样件完成之后，需进行试装，并负责跟踪运行情况，编制试装报告。
4. 产品研发部根据需要按相关规定进行图样和技术资料的变更。
第 4 章　小批试制阶段质量控制
第 8 条　采购部完成小批试制所需物料的采购和外协加工。
第 9 条　小批试制开始前，主管副总召开由产品研发部、技术工艺部、质量管理部、生产部参加的试制会议，明确试制技术、质量、工艺过程要点。
第 10 条　小批试制中，采用“新产品试制报告表”跟踪解决生产过程中存在的技术、质量问题。
第 11 条　产品研发部组织产品质量先期策划小组成员对新产品进行产品定型鉴定，评审新产品的设计性能符合性、功能完备性、工艺可行性、安全可靠性、维修方便性和经济性，并填写新产品鉴定定型报告。
第 12 条　零部件制造、总装配中应按质量保证计划，加强质量管理和信息反馈，并做好试制记录，编制新产品质量保证要求和文件。
第 13 条　产品研发部完成设计变更资料的收集和整理。
第 14 条　在小批试制结束后，工艺技术部编制过程作业指导书，所有对操作有直接责任的操作人员均应配备能够理解、可操作的作业指导书，以有效指导操作并对装配过程进行控制。
第 5 章　试制工作总结评估
第 15 条　在样品试制和小批试制结束后，相关人员分别对考核情况进行总结，并按标准要求编制试制总结、型式试验报告及试用报告，三个报告的具体内容与编制要求如下图所示。
</td></tr>
</table>

续表

制度名称	产品试制质量管控办法	编　　号	
		执行部门	

试制总结

◎ 在试制总结中，着重总结图样和设计文件验证情况，以及在装配和调试中所反映出的有关产品结构、工艺及产品性能方面的问题及其解决过程，并附上各种反映技术内容的原始记录

型式试验

◎ 型式试验是产品经全面性能试验后所编的文件，型式试验项目和方法应按产品技术条件、试验程序、步骤和记录表格进行，并由检验室负责按试制鉴定大纲编制

试用报告

◎ 试用报告是产品在实际工作条件下进行试用试验后所编制的文件，试用试验项目和方法由技术条件规定，试验通常委托用户进行，试验程序、步骤和记录表格按鉴定大纲规定，由工艺技术部负责编制

产品试制质量总结内容

第 16 条　工艺技术部负责编制特种材料及外购、外部协作零件定点定型报告。

第 6 章　附　　则

第 17 条　本办法由生产部与品管部负责解释、修改。

第 18 条　本办法经总经理审批通过后，自发布之日起开始执行。

编制人员		审核人员		批准人员	
编制日期		审核日期		批准日期	

第5章　生产过程质量控制

5.1　制程质量控制内容

5.1.1　工序质量控制

工序质量控制的目的是保证班组长能够有效地控制生产现场的各项工序，使得各项工序始终处于稳定的状态，确保生产产品的质量，预防不合格品的发生。

1. 工序质量控制的基本理论

工序质量控制的理论基础见表5—1。

表5—1　　工序质量控制的理论基础

理论基础	具体说明	
质量波动	正常波动	◆正常波动在每个工序中经常发生，波动趋势是可以预料的，可用统计分布来进行描述 ◆引起正常波动的因素很多，如设备的微小振动，原材料的微小差异等
	异常波动	◆异常波动是由某种特定原因引起的，如设备磨损、错误操作等 ◆过程控制系统的目标是当工序出现异常波动时迅速发出统计信号，让班组长很快查明异常原因并采取措施消除波动
质量分布	◆产品的正常波动是有一定规律的，即存在一种分布趋势，形成分布带，这个分布带反映了产品的精度，具体分布形式包括平均分布、正态分布等	

续表

理论基础	具体说明	
数据种类	计量值数据	◆计量值数据可连续取值，可用测量仪测出小数点以下数据，如长度、质量、温度等质量特性的数值
	计数值数据	◆计数值数据是用自然数取值的数据，如次品件数、错字数、质量缺陷点数等
正态分布曲线	在正态波动下，大量生产过程中产品质量特性波动的趋势服从正态分布的图例如下所示 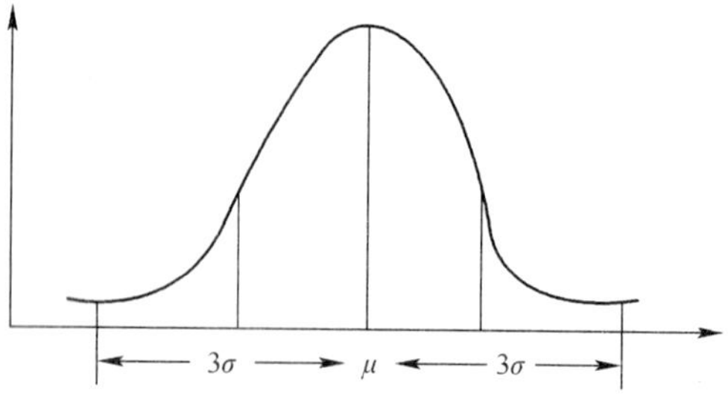 其中，μ 为均值，衡量分布的集中趋势。σ 为标准差，反映数据的离散程度	

2. 工序质量控制的内容

为了提高生产现场的工序质量水平，班组长在进行工序质量控制时，应着重于四个方面的工作，即加强工序管理，进行工序质量检验，控制工序质量信息以及设置工序质量控制点。具体内容如图5—1所示。

5.1.2 统计质量控制

统计质量控制是指使用统计技术进行质量控制，这些技术主要包括频率分布的应用、主要趋势和离散的度量、控制图、回归分析、显著性检验等。

1. 统计质量控制必备知识

（1）数据的种类

①计量值数据是测量结果的数据，可以是连续的，也可以是不

加强工序管理

◎ 工序管理的内容
1．按照规定产品质量标准及有关完成方法的各项规程执行各道工序的检验
2．通过指导作业人员执行符合标准的操作程序
3．将生产的结果画在控制图上，检查工序的稳定状态
4．发现异常时，围绕问题应及时上报品管部，采取有效措施防止重复出现
◎ 工序管理的步骤
制订计划→贯彻操作规程→检查操作规则的执行情况→处理工序异常

进行工序质量检验

◎ 工序质量检验是班组长指导操作人员在生产现场对产品质量进行自检，质检专员进行专检，防止不合格品的产生而采取的相应措施
◎ 实施步骤：产品缺陷分级→编制检验指导书→进行检验→检验处理

加强工序质量信息控制

◎ 通过工序质量信息控制，使信息的收集、整理、传递、处理准确及时
◎ 工序质量信息的来源包括操作者自检和质检人员专检的结果及发现的质量问题、质检人员及其他人员掌握的质量信息
◎ 应对日常信息和突发信息进行及时分析、处理，填写相应的信息反馈表
◎ 按照品管部制定的质量信息反馈管理制度对工序质量信息进行控制

设置工序质量控制点

◎ 工序质量控制点是为了保证工序质量，以便质检人员进行工序的强化管理，使工序处于稳定的控制状态而设置的

图 5—1　工序质量控制的内容

连续的（如长度、质量、电流、温度等）。

②计数值数据是不能连续取值的，只能以个数计算的数为计数值数据（如不合格品数、缺陷数）。

（2）总体和样本　在统计的过程中把所研究的对象的全体称为

总体，也称为母体。通常总体的单位数用 N 来表示，样本单位数称为样本容量，用 n 来表示。相对于 N 来说，n 则是个很小的数，它可以是总体的几十分之一乃至几万分之一。

（3）数据特征值　数据特征值是数据分布趋势的一种度量。数据特征值可以分为两类，具体包括集中度和离散度。其中，集中度包括平均值、中位数、众数等，离散度包括极差、平均偏差、均方根偏差、标准偏差等。

2. 统计质量控制方法

在进行统计质量控制时，品管部的统计质量人员根据生产现场的实际质量情况进行统计，班组长协助统计质量人员一同进行统计工作。在进行统计质量控制中所使用的统计方法大致可分为 3 个层次，具体如图 5—2 所示。

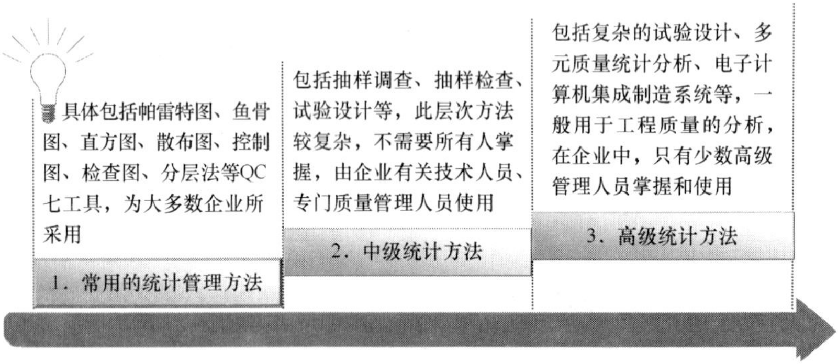

图 5—2　统计方法示意图

品管部统计质量人员在应用统计方法进行质量管理时，必须制订周密翔实的数据采集计划，只有收集到真实可靠的数据，运用合适的统计方法，才能准确地发现质量问题。

3. 质量统计诊断

统计质量人员在班组长的协助下，对质量统计工作进行诊断，以确定统计质量控制的完善性，不断改进落后的、不适宜的统计方法，优化统计流程与统计指标，确保质量管理的科学性。统计诊断的具体思路可从以下 7 个方面着手，具体内容如图 5—3 所示。

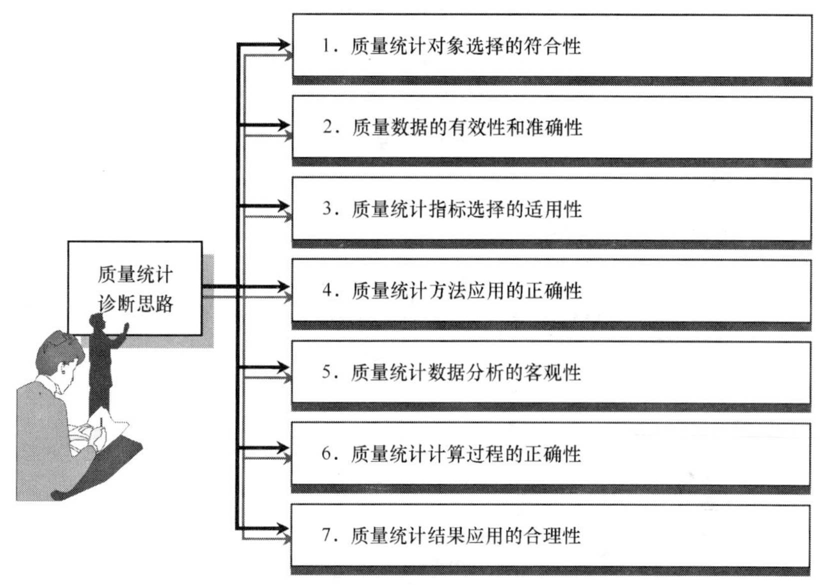

图 5—3 质量统计诊断思路

5.1.3 物料质量控制

物料质量控制是班组长对生产现场物料流动过程中所处的不同阶段，按照不同的控制对象和具体工作内容，开展的生产前的物料质量控制、制程过程中的物料质量控制以及生产后的成品质量控制工作，主要的工作内容是对物料质量进行鉴别、把关。

1．生产前的物料质量控制

生产前的物料质量检验是班组长为了防止不合格物料进入生产环节所设置的首要控制点。在这一阶段中，班组长要明确物料质量检验的注意事项，影响物料质量检验的因素，确定物料质量检验的项目和方法以及选择物料质量检验的方式。

（1）物料质量检验的注意事项

①班组长在组织对来料质量进行检验之前，首先要清楚该批物料的质量检验要项，不明之处要向品管部进行咨询。

②班组长可从来料中随机抽取两件来料进行检验，交品管部签发物料质量检验临时样品，并附上相应的质量检验说明。

（2）影响物料质量检验的因素　班组长在对物料进行质量检验时，要明确影响物料质量检验的因素，具体的因素包括以下 5 项，如图 5—4 所示。

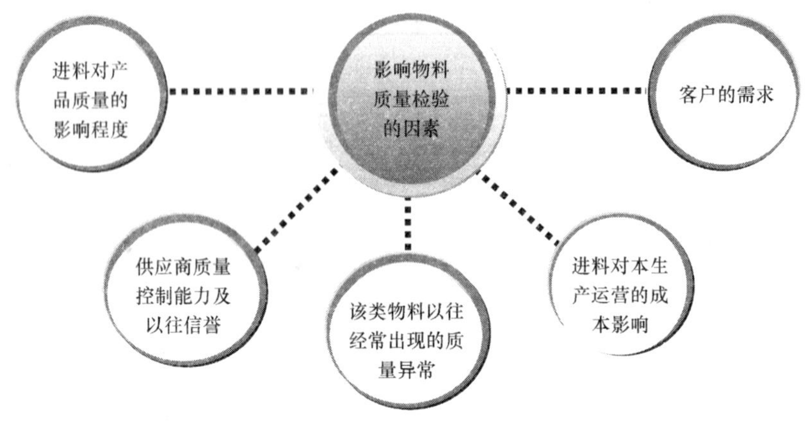

图 5—4　影响物料质量检验的因素示意图

（3）物料质量检验的项目和方法　对进料质量进行检验的项目及方法主要有以下四种，具体内容如下：

①特性验证　一般采用检测仪器和特定方法来验证。

②尺寸检验　一般用卡尺、千分尺、塞规等量具验证。

③结构检验　一般用拉力器、扭力器、压力器验证。

④外观检验　一般用目视、手感、限度样品进行验证。

（4）物料质量检验的方法　班组长在进行生产前的物料质量检验时，要选择合适的物料质量检验方式。物料质量检验方法包括三种，即全数检验、免检以及抽样检验，具体适用范围如下：

①全数检验适用于物料数量少、价值高或现场指定进行全检的物料。

②免检适用于最低值辅助性物料，或经认定的免检厂生产的物料，以及生产急用而特批的免检。对于后者，班组长应跟踪生产时的质量状况。

③抽样检验适用于平均数量较多，经常性使用的物料。

2. 制程中的物料质量控制

制程中的物料质量检验由制程质量首检和制程质量巡检两部分组成。制程质量首检是指对现场生产中所制造的首件产品质量进行的检验。制程质量巡检是指对产品生产过程中的质量进行的检验。

（1）制程质量首检　生产人员进行生产时有如图5—5所示的情形时，必须在生产第一件产品后通知班组长和质检人员进行检验，待质检人员判定产品合格后，班组长方可继续组织生产。

图5—5　制程质量首检的情形

质检人员在完成制程质量首检后，对检验的合格产品和不合格产品的结果进行处理，根据首检检验记录，分析产品首检的情况，编制制程质量首检报告。

（2）制程质量巡检　品管部应组织质检人员每日对各生产班组执行巡回检验，在进行巡回检验时，班组长应配合质检人员。质检人员根据产品生产工艺单、样品和产品制程质量检验手册对各道工序进行巡回检查，并及时、详细记录检验情况。

3. 生产后的成品质量控制

生产后的产品质量检验包括成品入库质量检验和成品出货质量检验两方面。在这一工作环节中，班组长负责协助成品入库的质量检验工作。

（1）入库质量检验的项目　成品入库时，质检人员在班组长的协助下，对入库的产品进行质量检验，检验项目主要包括以下六项，具体如图 5—6 所示。

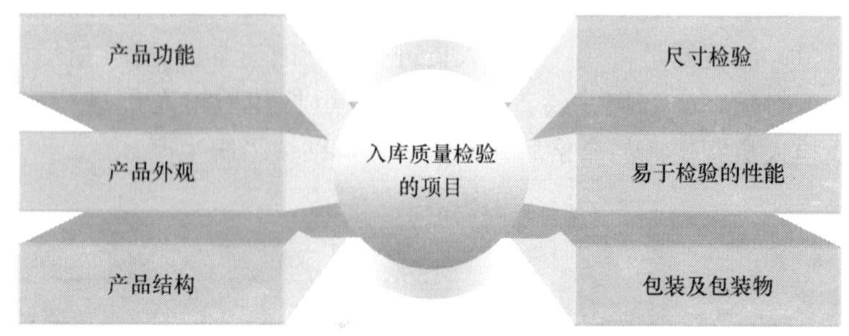

图 5—6　入库质量检验的项目

（2）入库质量检验的要求　具体的入库质量检验要求如下：

①质检人员按照产品标准或检验作业指导书规定的入库验收项目，逐条逐项地对入库产品进行检验。

②在检验中，随产品供应的附件、备件也应进行检验。

③核对和验收产品合格证以及其他质量证明文件、随机技术文件。

④检验产品的包装与包装质量。

⑤成品验收检验的记录应齐全、准确。

5.1.4　外协加工产品的质量控制

为了保证外协加工产品的质量，符合车间生产的要求，企业需对外协加工产品进行有效的质量控制。

1. 外协加工厂的质量控制

采购部、品管部、生产部等部门需对外协加工厂的质量管理能力进行认定，对于重要工序，经验丰富的班组长可参加外协加工厂的质量认定。

质量认定合格后外协加工厂方可承担企业产品的加工任务。外协加工厂质量审定的内容见表5—2。

表5—2　　外协加工厂质量审定内容表

审定项目	质量审定的内容
组织结构	◆外协加工厂的组织结构，主要是组织的规模和质量管理机构的独立自主性
质量认证	◆是否通过质量管理体系认证，需提供有效的体系认证证明及相关的体系运行情况记录 ◆产品的质量认证情况，是否通过产品质量认证，包括产品的品牌、产品的知名度等
资源配置情况	◆质量管理（或控制人员）的资质与能力，产品质量检测设备的提供与管理
产品实现过程的质量控制	◆主要是如何对原材料进行质量控制，以及生产过程的质量控制，产品质量检测的标准和依据，检验能力和检验控制，生产操作人员的技能，生产设备的性能，维护和保养，产品的防护等
质量异常管理	◆质量异常情况的处理，主要是产品质量不合格的处理方式 ◆质量异常的纠正和预防，针对不良问题采取的控制措施

2. 外协产品制程质量控制

对外协产品制程质量控制可采取驻厂监督、巡回监控、设置质量控制点监控等方式来进行。在外协制程质量控制的过程中，相关工序的班组长可加入监制小组对制程进行监督。具体的制程质量控制方式如下：

（1）驻厂监督　采取这种方式实施产品监制，企业质量检查人员直接进入外协厂的产品加工现场，成立相应的监制小组，编制监制规划，实施产品制造全过程的质量控制。

（2）巡回监控　巡回监控质量控制的主要任务是监督管理外协厂商不断完善质量管理体系，监督检查原材料进场使用的质量控制及工艺过程、半成品的质量控制，复核专职质检人员质量检验的准确性、可靠性。

在外协产品的制造过程中，监制人员要定期或不定期地到制造现场，检查了解产品制造过程的质量状况，发现问题应及时处理。

（3）设置质量控制点监控　针对影响产品制造质量的诸多因素，设置质量控制点，做好预控及技术复核，实施制造质量的控制。质量控制点应设置在对产品加工质量有明显影响的特殊或关键工序处，或针对产品的主要、关键部件、加工制造的薄弱环节及易产生质量缺陷的工艺过程。具体设置时，可参照图 5—7 所列的 5 种情形。

图 5—7　外协加工产品的质量控制点示意图

3. 质量检查验收

产品的质量检验是一项专业性、技术性较强的工作，需要品管部、技术部、生产部等有关部门参加。

当外协产品进场时，生产工序的班组长可配合品管部、技术部等部门根据产品的名称、型号、规格、数量等，按清单逐一进行产品检查验收。具体的检查验收步骤见表5—3。

表5—3　　外协产品质量检查验收步骤表

阶段	步骤	具体工作内容
制订产品检验计划	制定产品检验方案	◆产品检查验收前，技术部协同品管部提交产品检查验收方案，包括验收方法、质量标准、检查验收的依据，经总经理审查同意后实施
	制订质量控制计划	◆品管部做好质量检验计划，质量检验计划要包括产品检查验收的程序，检查项目、标准、检验或试验要求，产品合格证等质量控制资料的要求
执行产品检验程序	资料凭证验收	◆产品进厂前，外协加工厂需提交产品出厂合格证、技术说明书、质量检验证明、有关图样及技术资料 ◆技术部和品管部需审查是否符合要求，审查通过后产品方可进入检验现场
	产品检验	◆产品进厂后，品管部组织技术部、下工序班组长进行产品检验，经检查确认合格后，验收人员签署验收单
	异常处理	◆如发现外协加工厂提供的质量控制资料有误，或实物与清单不符，或对质量文件资料的正确性有怀疑，或设计文件及验收规程与规定不符，必须复验合格后才可投入使用，应由品管部组织相关人员进行复验
	产品复验	◆验收合格的可直接进入下道工序，并送入生产作业备料区，班组长需亲自安排人员进行复验，复验合格后才可以验收

5.1.5　设备质量控制

班组长应定期或不定期地对生产设备进行质量检验，加强设备质量控制工作，确保设备的使用要求，保证生产能够平稳地进行，从而避免生产事故的发生。在进行设备质量控制时，班组长需要与品管部质检人员共同对设备的维护、操作、检修进行有效的质量控制。

1. 设备维护控制

班组长在协助设备维护人员进行设备维护控制工作时，应按照设备维护方案对设备的结构、性能等进行质量控制，确保操作人员能够安全使用设备。设备维护质量控制的具体实施内容见表5—4。

表5—4　　实施设备维护质量控制的内容

时段	工作要点
班前	◆启动设备前15分钟要仔细检查设备，如果连接螺栓松动要及时紧固，同时检查按车间规定需要维护的必检部位 ◆负荷试机，检查各控制开关是否失灵、有无异常 ◆如发现问题和异常现象，要停机检查，自己能处理的马上处理，超出能力范围的，及时报告检修责任者，立即处理
班中	◆严格按设备使用规程的规定，正确使用和操作设备，不允许超负荷使用 ◆设备运转过程中观察是否有异常情况出现，如有应立即切断电源，进行检查
班后	◆下班前15分钟停机，将设备和工作场地擦拭和清扫干净，保持设备内外清洁，无油垢、无污物 ◆认真执行设备交接班制度，主要设备每台都应有“交接班记录本”，如实记录设备信息，交接双方经确认后在“交接班记录本”上签字

2. 设备操作控制

为了确保安全、正确合理地使用设备，减少故障发生率，操作人员需要熟悉设备使用说明书和设备的一般性能、结构，严格按照使用说明书的规定进行操作。班组长应在设备开动前、运转过程、工作完毕、日常维护等过程中，做好设备质量控制工作。

3. 设备检修控制

为了达到公司生产现场对设备管理的目标要求，班组长与检验人员应定期或不定期地对设备进行检修，提高设备的完好率，保证生产的顺利进行。

（1）设备前期准备　在进行设备检修控制之前，应做好设备检修技术准备工作，具体准备工作如图5—8所示。

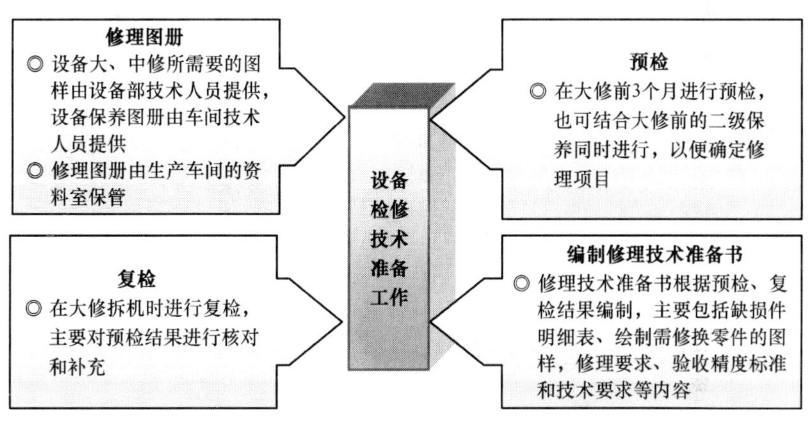

图5—8　设备检修技术准备工作

（2）设备解体质量控制　设备解体质量控制所要注意的事项具体如下：

①做好解体前的各项技术操作，解体后零部件摆放整齐有序，做好明显标记。

②检查和分析设备技术状况的变化规律，做好原始记录，鉴定以往检修与改进效果。

③绘制损坏部位加工图，并及时提出自制要求或委托加工要求。

④针对设备缺陷，调整检修项目，进一步完善检修工作。

⑤做好安全措施，对该封闭的设备或部位封闭好，应回收的部件指定专人负责。

(3) 设备检修工作结束　在设备检修工作完成后，班组长与检修人员做好现场清洁及工具、仪表的管理，严防工具、工件及其他物件遗落在设备内，避免造成事故。另外，还应对检修的设备进行试运行，确保检修工作安全到位。

5.1.6　包装质量控制

产品的包装质量检验工作主要包括包装设计的质量检验、包装材料的质量检验以及包装的设备质量检验。班组长在产品入库前应对产品包装质量进行检验，确保产品的质量。

1. 包装设计质量检验

包装设计直接关系到产品加工等各工序质量，在包装设计之前，品管部应协同生产部共同建立工序分析制度，制定工艺要求，做好工序安排，为设计提供有益的参考。包装设计质量判断标准如图 5—9 所示。

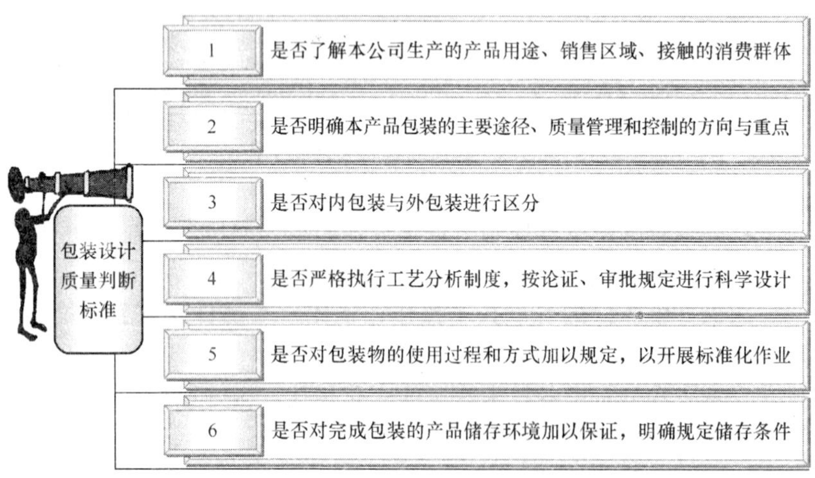

图 5—9　包装设计质量判断标准一览图

2. 包装材料质量检验

对包装材料的质量进行检验时，班组长应重点检验包装材料的外观与物理性能，并对包装材料的使用进行检验。

（1）外观检验　对包装的外观进行检查时，主要采用目测并使用卷尺测量的方法。外观检验的重点是包装箱的规格尺寸、黏合度、印刷效果、破损度、倒开剪切效果、成型的保准性、箱体方正度、结合部位的牢固程度等。

（2）物理性能检验　对包装的物理性能进行检测时，主要采用相应的检验设备，对供应商的生产情况进行全程跟踪与监督。定期或不定期地要求包装供应商提供第三方机构对抽检包装物的检测报告，通过验证的方式与供应商的检验标准进行比较。

3. 包装设备质量检验

质检人员在班组长的协助下，对包装设备质量进行检验的具体工作内容如下：

（1）检验是否对设备进行日常保养与维护，以保证设备的正常运转率。

（2）设备出现故障时，检验是否及时修理，确保设备处于良好的工作状态。

（3）检验是否有针对性地对设备建立预防检修机制，尽量保证设备不出故障。

5.1.7　质量问题处理

制程过程存在异常问题时，班组长应立即上报给品管部进行处理，品管部应及时派出质量处理人员对异常原因进行调查，并迅速拟定改善措施以确保问题能够得到纠正和改善，防止类似问题再次发生。

1. 制程质量异常处理的基本要求

制程质量异常处理的基本要求如下：

（1）及时发现不合格物料，做出标记并隔离存放。

（2）确定不合格物料的范围，如型号、时间和产品批次等。

（3）评定不合格物料的严重程度。

（4）按规定进行不合格物料的鉴别、记录、标识、隔离、控制、审查与处理。

（5）通知受不合格物料影响的部门做好预防措施。

（6）不合格物料审理人员必须由品管部经理授权并有相关的文件记录。

2. 制程质量异常处理程序

具体的制程质量异常处理程序如图 5—10 所示。

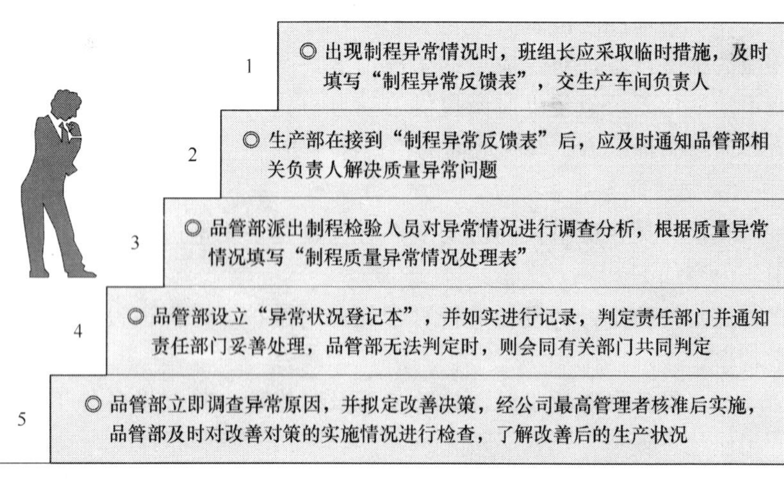

图 5—10　制程质量异常处理程序

3. 制程质量异常处理方法

班组长在发现制程质量出现异常问题时，应立即上报质量异常处理人员，对在制程中出现的具体质量问题提出相应的处理办法。制程质量异常处理办法的具体内容见表 5—5。

表 5—5　　制程质量异常处理方法一览表

处理方法	具体说明
返工与返修使用	将不合格品经整形、消边、去污、重组等作业予以修复使用，修复后一般应由品管部检查人员鉴定后方可投入使用
代用	将不符合某些特定产品标准，但符合其他产品标准的不合格品，经品管部鉴定后，用于符合要求的产品上

续表

处理方法	具体说明
拆解使用	将不合格品拆解成零组件，取符合使用标准零组件使用，或取部分零组件修复或代用
报废	不合格品无法重新利用的，视为报废品，根据报废品管理规定处置

5.2　制程质量控制实务

5.2.1　制程质量控制制度

<table>
<tr><td rowspan="2">制度名称</td><td rowspan="2">制程质量控制制度</td><td>编　　号</td><td></td></tr>
<tr><td>执行部门</td><td></td></tr>
<tr><td colspan="4">
第 1 章　总　　则
第 1 条　目的
为了确保制程质量稳定，提高生产效率，降低公司的整体运营成本，特制定本制度。
第 2 条　适用范围
本制度适用于从原材料投入生产到加工生产直至装配产品的全过程的质量控制。
第 3 条　职责划分
1. 品管部的管理职责
（1）根据质量检验规范对产品进行各项质量检验。
（2）制程巡检出现异常时，负责制程异常联络单的开立及产品改善和处理结果的确认。
（3）制程参数优化时，负责相关变更记录的确认和产品质量的监控。
2. 班组长的管理职责
（1）班组长负责按各项作业要求执行生产。
（2）班组长负责记录制程参数变更情况以及跟踪确认。
（3）班组长负责执行各项改善计划或措施。
第 2 章　制程质量控制作业要点
第 4 条　物资控制、可追溯性和标识
班组长应对物资、可追溯性以及标识进行控制，其控制的相关内容如下图所示。
</td></tr>
</table>

续表

制度名称	制程质量控制制度	编　号	
		执行部门	

物资控制	◎ 投产前，班组长根据所有的材料和零件检验规定的要求，确定接收物资检验的类型和数量，考虑其对成本的影响、不合格物资对生产流程的影响 ◎ 制程中物料、产品应适当存放、隔离、搬运和防护，以保持其适用性 ◎ 要特别考虑保管期及对变质的控制，包括在适当期限内对产品进行评定
可追溯性	◎ 当产品的可追溯性对质量至关重要时，从接收到所有的生产、交付和安装的整个制程中都应保持其相应的识别标记，以确保对物资的识别和验证状态的可追溯性
标识	◎ 物资的标记和标签应字迹清楚、牢固耐久，并符合规范要求。从接收、生产、交付和安装等过程，应按书面程序进行独特标识，并做好记录。应能在必须追回或进行特别检验时能识别具体产品

物资控制、可追溯性和标识的控制措施

第 5 条　设备控制和维护

1. 所有生产设备包括机器、夹具、工装、样板、模具和计量器具等，在使用前均应验证其精确度。

2. 注意维护制程控制中使用的计算机以及软件。

3. 设备在两次使用之间应合理存放和防护并进行定期验证和再校准，以确保准确度和精密度的要求。

4. 班组制订预防性维护保养计划，以确保设备持续而稳定的制程能力。

5. 对影响产品质量的设备性能要特别加以注意。

第 6 条　辅助材料、公用设施和环境条件

1. 对质量特性起重要作用的辅助材料和公用设施，如生产用水、压缩空气、电、化学用品等也应加以控制并定期进行验证，以保证对制程影响的统一性。

2. 对产品质量十分重要的环境条件，如温度、湿度和清洁度，应规定一定的限度，并进行控制和验证。

第 3 章　制程质量控制作业程序

第 7 条　策划制程质量控制方案

制程质量控制的策划方案应能保证每个制程都按规定的方法和顺序在受控状态下进

续表

<table>
<tr><td rowspan="2">制度名称</td><td rowspan="2">制程质量控制制度</td><td>编　　号</td><td></td></tr>
<tr><td>执行部门</td><td></td></tr>
<tr><td colspan="4">行，受控的对象主要包括下列 6 项内容。
1. 即将投入生产的各种物资。
2. 已批准的生产、安装设备。
3. 生产过程使用的计算机软件。
4. 引用的标准和规章。
5. 批准的适用作用人员。
6. 有关的辅助材料、公用设施和环境条件等。
第 8 条　制订并实施产品质量计划
1. 品管部在生产产品前制订产品质量计划，并召集生产部进行协同分析。产品质量计划包括检验规范、制造作业规范等文件。
(1) 制造作业规范的内容包括使用材料、使用设备、作业条件、作业步骤及作业自主检查等，作业规范应配合图样或图片来说明，使作业人员更易了解。
(2) 检验规范的内容包括抽样计划、检验方法、检验规格、检验设备、检验表格、判定标准及管控措施等。
2. 班组长负责管理生产作业规范、检验规范等，确保作业现场所使用的文件为最新版本。
第 9 条　首件产品的质量检查
1. 班组长在每次开机、开线、设备维修、换料、更换机台或线别时，应抽取首件产品进行检查，填写“首件产品检验记录表”送交品管部。
2. 品管部根据检验规范标准进行首件产品的检查，并将结果记录于“首件产品检验记录表”。
3. 品管部判定的不合格品，需及时追溯并通知生产部进行改进，问题严重时需开出“制程异常联络单”。
第 10 条　制程的巡回检查
1. 班组长根据检验项目及检验内容进行巡回检验，并将检验查核结果记录于“制程巡回检验表”中。
2. 如有异常状况（包括生产部反馈的异常），班组长需填写“现场品质问题一览表”，并对改进状况进行追踪。
第 11 条　成品以及半成品的入库检查
班组长根据质量检验规范标准对所生产的产品进行质量确认检查，并将检验结果记</td></tr>
</table>

续表

<table>
<tr><td rowspan="2">制度名称</td><td rowspan="2">制程质量控制制度</td><td>编　　号</td><td></td></tr>
<tr><td>执行部门</td><td></td></tr>
</table>

录于“制品抽检记录表”中。

第12条　制程检验异常处理

1. 制程检验过程中发生异常时，班组长需要填写“制程检验问题汇总表”，并报告品管部。

2. 品管部负责判定制程异常产出品的处理方式，并对产出品处理结果进行确认。

3. 产出品处理完成后，品管部需要将“制程检验问题汇总表”分发给生产部，由班组长召集相关人员进行讨论，并提出改进措施。

第4章　附　　则

第13条　本制度由品管部与生产部共同起草拟定，报总经理批准。

第14条　本制度自颁布之日起执行，本公司持有根据实际需要对本制度进行修改、补充的权利。

编制人员		审核人员		批准人员	
编制日期		审核日期		批准日期	

5.2.2　外协品质量控制制度

<table>
<tr><td rowspan="2">制度名称</td><td rowspan="2">外协品质量控制制度</td><td>编　　号</td><td></td></tr>
<tr><td>执行部门</td><td></td></tr>
</table>

第1章　总　　则

第1条　目的

为了规范公司对外协产品的质量管理，确保外协品符合公司及产品的质量要求，特制定本制度。

第2条　适用范围

本制度适用于公司外协产品质量的管理事宜。

第3条　职责划分

1. 品管部负责外协产品的质量监控、进度、质量信息反馈的控制。

2. 班组长负责外协产品投入生产前的质量检验工作。

第2章　外协品质量标准的编制及转交

第4条　外协品质量标准的编制

1. 品管部在编制产品质量管理标准时，应将外协品的质量标准及检验要求单独成册，报技术总监审核及总经理审批。

续表

<table>
<tr><td rowspan="2">制度名称</td><td rowspan="2">外协品质量控制制度</td><td>编　号</td><td></td></tr>
<tr><td>执行部门</td><td></td></tr>
</table>

2. 在编制外协品的质量标准及验收规范时，必须以公司的产品质量标准为依据，不得随意提高或降低相关的质量标准与检验规范。

第 5 条　外协品质量标准的转交

1. 经过审批的外协品质量标准及检验规范，应由品管部在将所需外协品加工的物资交给外协厂商进行作业时一同交付。

2. 质量标准及验收手续在交接时应办理交接手续，双方签字确认，品管部应保留相关的凭证。

第 3 章　外协品质量控制

第 6 条　外协品制程质量控制

1. 在外协厂商进行外协作业时，品管部与生产部应派专人不定期地到生产现场进行外协品质量的制程检验，及时反馈外协品的质量信息。

2. 质检人员在进行外协品的质量检验时，如果发现不合格品应及时通知外协厂商，并有权停止外协厂商的生产作业。

3. 品管部与生产部应积极派出人员协助外协厂商解决产品的质量问题，确保外协品的交货期。

4. 外协厂商因产品质量问题停止生产的，如果重新进行生产，必须经过品管部的验收同意，方可继续进行。

5. 派驻外协厂进行质量检查的人员应详细记录外协厂商的制程质量状况，作为评价外协厂商质量管理的依据。

第 7 条　外协品质量控制

1. 外协厂商将产品送到公司后，仓储部人员应及时通知品管部人员与生产部相关人员进行验收，验收合格后办理入库手续。

2. 对外协品的质量验收包括以下四项内容，具体内容如下图所示。

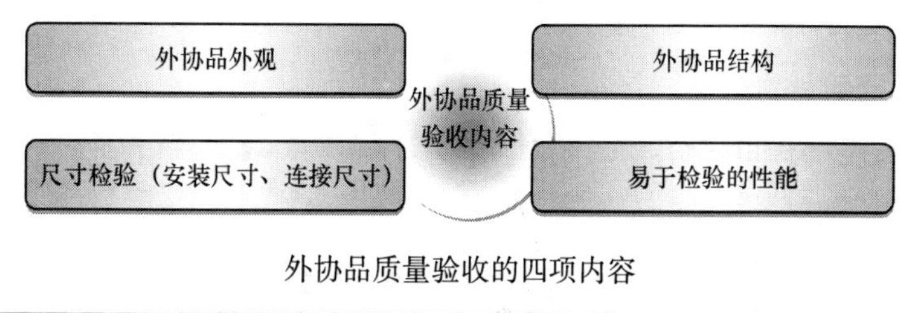

外协品质量验收的四项内容

续表

<table>
<tr><td rowspan="2">制度名称</td><td rowspan="2">外协品质量控制制度</td><td>编　　号</td><td></td></tr>
<tr><td>执行部门</td><td></td></tr>
<tr><td colspan="4">3. 品管部人员与生产部相关人员应严格按照制定的验收规范和验收方法进行外协品的检验，并填写“外协品质量验收单”。
4. 外协品的质检人员对验收状况应如实记录，严把质量关，做到可收可不收的坚决不收，发现重大质量问题应及时上报。
5. 外协品质检人员应定期编制“外协品质量报告”，作为评估外协厂商生产质量的依据。
第 8 条　外协品使用质量控制
1. 班组长在使用外协品前，应进行检验，发现质量问题时应上报生产部，由生产部通知品管部。
2. 品管部在接到通知后应立即对已入库的外协品进行重新检验，判定责任。
3. 属于外协品质量问题的，品管部应立即联系外协厂商，进行处理。
4. 对于外协品使用的质量问题，品管部应持续跟踪，协助外协厂商解决质量问题，并编制报告，上报总经理。
第 4 章　附　　则
第 9 条　本制度由品管部与生产部共同起草拟定，报总经理批准。
第 10 条　本制度自颁布之日起执行。</td></tr>
</table>

编制人员		审核人员		批准人员	
编制日期		审核日期		批准日期	

5.2.3 设备使用质量控制制度

<table>
<tr><td rowspan="2">制度名称</td><td rowspan="2">设备使用质量控制制度</td><td>编　　号</td><td></td></tr>
<tr><td>执行部门</td><td></td></tr>
<tr><td colspan="4">第 1 章　总　　则
第 1 条　目的
为了规范使用设备的质量控制工作，降低设备的故障率，提高生产质量和效率，特制定本制度。
第 2 条　适用范围
本制度适用于车间班组作业人员设备使用的质量控制。</td></tr>
</table>

续表

制度名称	设备使用质量控制制度	编　　号	
		执行部门	

第3条　管理职责

1. 设备管理部负责监督设备的质量状况，对公司所有的生产设备进行监控。

2. 班组长负责日常的设备质量管理工作，并负责监督设备的日常点检、维护。

3. 设备使用人员负责设备的日常点检、维护工作。

第2章　设备使用前的点检与保养

第4条　设备点检

1. 设备使用人员为设备日常点检的责任人员，需在上班之前对设备各部位进行检查，确认正常后才能使用。

2. 设备使用人员在开展点检工作时，必须依据事先制定的点检标准进行，并将在点检中发现的设备异常和设备隐患及时向班组长汇报。

3. 班组长需对出现的设备异常情况进行处理，如异常无法解决，需及时将异常状况报设备部进行处理。

第5条　设备保养润滑

1. 设备使用人员在每日上班之前对设备进行保养润滑工作。

2. 每班的保养润滑项目应纳入设备的日常点检项目中，并逐项检视。

3. 每班的班组长需对每日保养润滑的项目进行逐项的检查，确保设备不发生质量故障。

第3章　设备使用过程中的质量控制

第6条　设备使用的质量控制

1. 班组长需确保上岗操作设备的作业人员能够熟练操作设备，并清楚设备的日常保养知识、安全操作知识，熟悉设备的性能和使用要求。

2. 设备使用人员需取得生产部签发的设备操作证后，方可上岗操作。

3. 非指定操作人员未经批准不得操作设备。

4. 操作人员应严格按设备的操作规程操作设备和开展工作，认真遵守交接班制度，准确填写设备各项运行记录。

5. 设备在运行过程中，设备使用人员需严格监视设备及周围状况，注意设备监控仪器的变化及设备质量状况。

第7条　设备的质量控制

1. 设备管理部应对设备进行监控，以便及时发现设备故障，并进行处理。

2. 设备管理部对设备按不同重要程度划分为关键设备、重要设备、一般设备，针对不同的设备建立不同的监控等级，采取不同的监控措施，具体监控措施如下：

续表

<table>
<tr><td rowspan="2">制度名称</td><td rowspan="2">设备使用质量控制制度</td><td>编　号</td><td></td></tr>
<tr><td>执行部门</td><td></td></tr>
<tr><td colspan="4">
（1）对关键设备，实行24小时网络监控，及时记录监测到的数据。
（2）对重要设备，实行定时监测。
（3）对一般设备，实行简易监测。
3. 班组长需配合设备管理部进行设备的监控工作，确保监测记录完整、准确，以便准确获得设备的质量状态数据。
第4章　设备故障处理
第8条　设备异常汇报
在设备使用和监测过程中，使用人员、监控系统、设备检查人员等如发现设备存在不正常的现象，需及时汇报和处理，不得隐瞒。
第9条　设备异常处理
1. 设备使用过程中发生异常时，使用人员应立即采取相应的措施进行处理；对危及设备和人身安全的重大设备故障，应采取紧急措施，如切断电源，保护现场。
2. 设备监控人员通过监控系统发现设备异常时，需及时通知班组长采取处理措施，如停工检修等；对于特别紧急的状况，需马上通知使用人员采取紧急措施。
3. 对于发现的异常，班组人员能够处理的进行处理，不能处理的交由专门的设备管理人员处理。
第10条　重大故障的处理
1. 如果设备发生重大故障，设备管理部、技术部、班组长、设备使用人员需对故障进行分析，必要时还可组织故障调查组，分析故障发生的原因，制定预防措施，并提出改进意见。
2. 在分析出故障原因的前提下，设备维修组需积极进行抢修，换下损坏的部件。
3. 在抢修过程中，车间班组、作业人员需积极地配合。
第5章　附　　则
第11条　本制度由品管部与生产部共同制定，其解释权归品管部所有。
第12条　本制度自总经理批准之日起生效并予以实施。
</td></tr>
</table>

编制人员		审核人员		批准人员	
编制日期		审核日期		批准日期	

5.2.4　工序质量控制管理流程

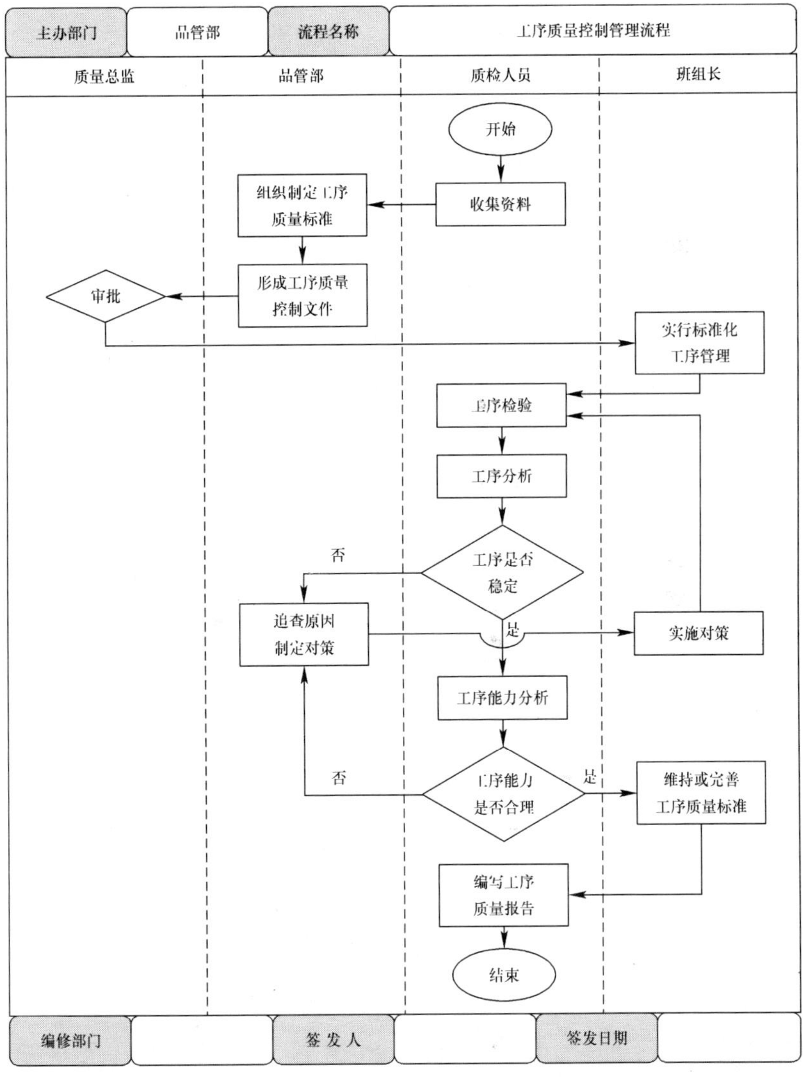

5.2.5 统计质量控制管理流程

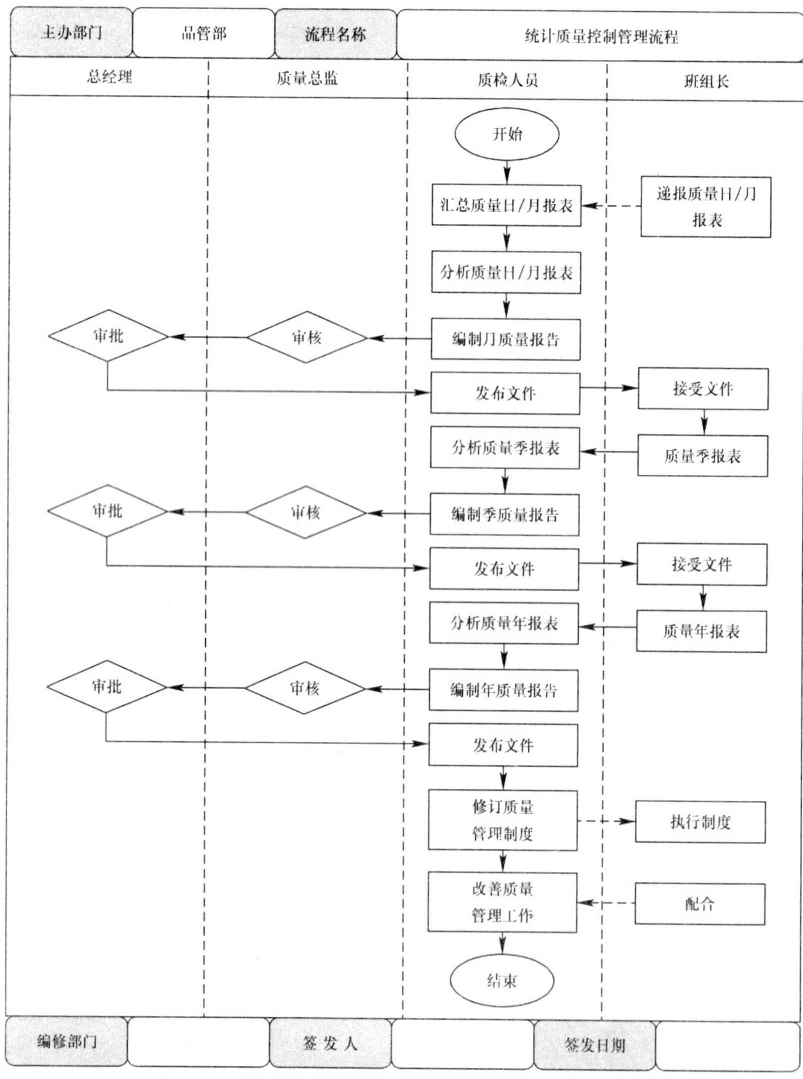

5.2.6　现场物料质量控制流程

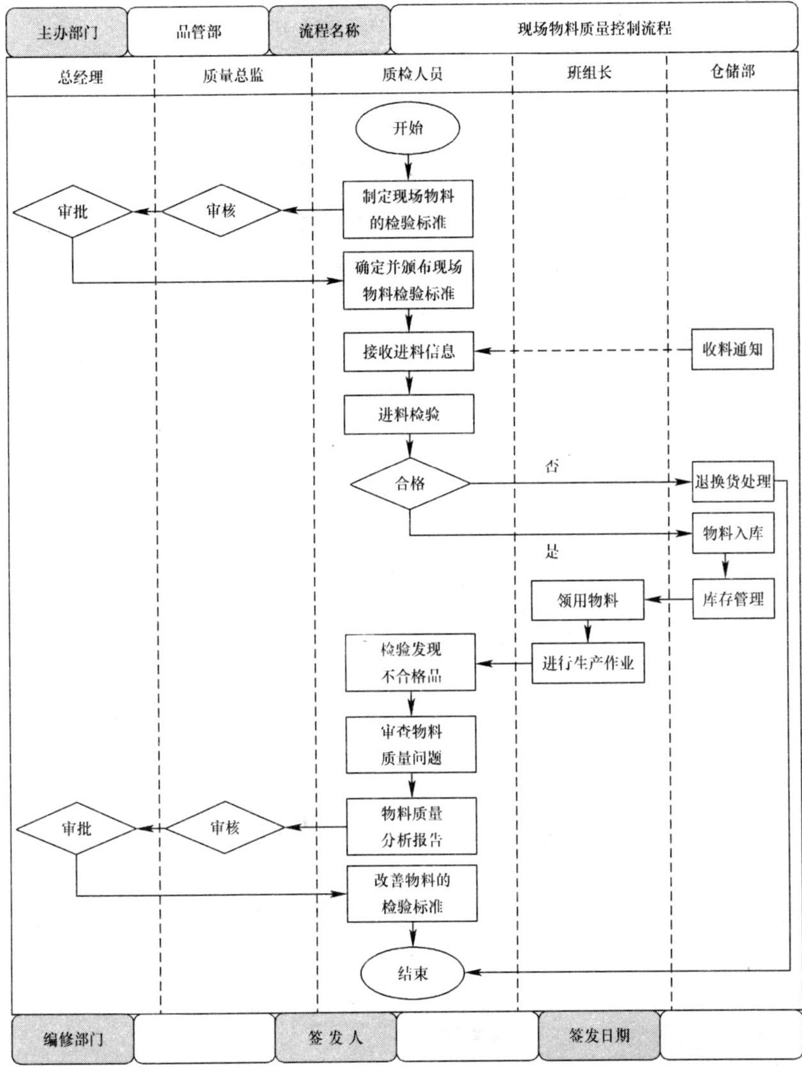

5.2.7 外协品质量控制管理流程

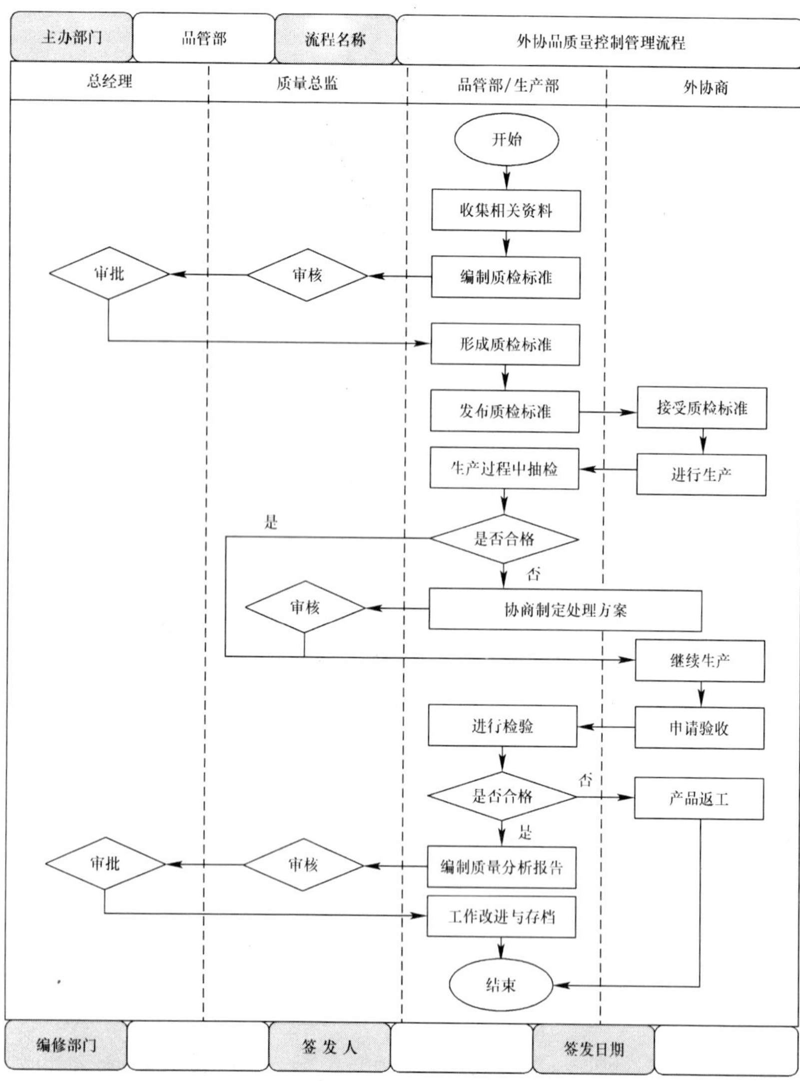

第6章　质量检验控制

6.1　质量检验控制内容

6.1.1　质量检验的作用

班组现场质量检验是企业质量检验部门对生产现场产品的一项或多项质量特性进行观察、测量、试验，并将结果与规定的质量标准进行比较，以判断每项质量特性合格与否，以及能否进入下一道工序的活动。

质量检验的作用包括评价、把关、预防和信息反馈4个方面的作用，具体内容如图6—1所示。

6.1.2　质量检验的步骤

企业检验人员在班组长的配合下，对生产现场的产品进行检验时，应按照科学的步骤和程序对其进行检验，一般质量检验可按6个步骤进行，具体如图6—2所示。

1. 检验准备

质量检验的准备工作主要包括熟悉质量规定要求、选择检验方法、制定检验规范等，具体的工作内容如图6—3所示。

2. 测量或试验

检验人员与班组长在进行测量和试验前，首先要确认检验仪器设备和被检物品试样的状态是否正常，然后按已确定的检验方法和方案，对现场在制品、半成品和成品的质量特性进行定量或定性的观察、测量、试验，得到需要的量值和结果。质量检验人员与班组长每检验一件或一批产品后，都需要对检验仪器进行再次的检查确认，保证下一步的测量和试验数据正确、有效。

评价作用	◆ 企业质量检验人员根据有关法规和技术标准对产品进行检验，并将检测结果与标准进行对比，做出合格或不合格的判断，或对产品质量水平进行评价，以指导生产、商品交换和企业经济活动
把关作用	◆ 质量检验人员通过对现场原材料、半成品、成品的检验，鉴别、分选、剔除不合格品，并决定该产品是否接收放行，严格控制每一个生产环节的质量 ◆ 通过检验，对合格品签发产品合格证，允许其进入下一道工序，也是对内（原材料和半成品）和对外（成品）的一种质量保证
预防作用	◆ 通过领料检验、首件检验、巡回检验和抽样检验，及早发现并排除原材料、外购件、外协件、半成品中不合格品，以预防不合格品流入下道工序，造成更大的损失 ◆ 通过对生产现场制程质量的检验，掌握质量动态，为质量控制提供依据，及时发现质量问题，以预防和减少不合格品的产生，防止大批产品报废的质量事故
信息反馈作用	◆ 质量检验人员通过对生产现场产品质量的检验，收集数据，发现不符合标准的质量问题与现场质量波动情况，及时做好记录，进行统计、分析和评价并及时报告生产总监，反馈给生产、工艺、设计等职能部门，以便采取相应措施，改进和提高产品质量

图 6—1　质量检验的作用

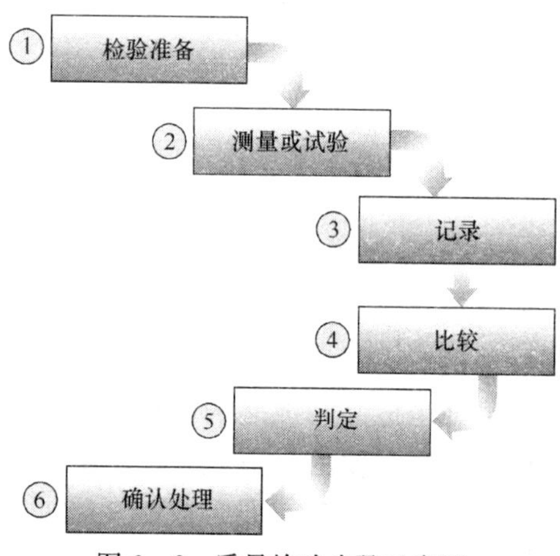

图 6—2　质量检验步骤示意图

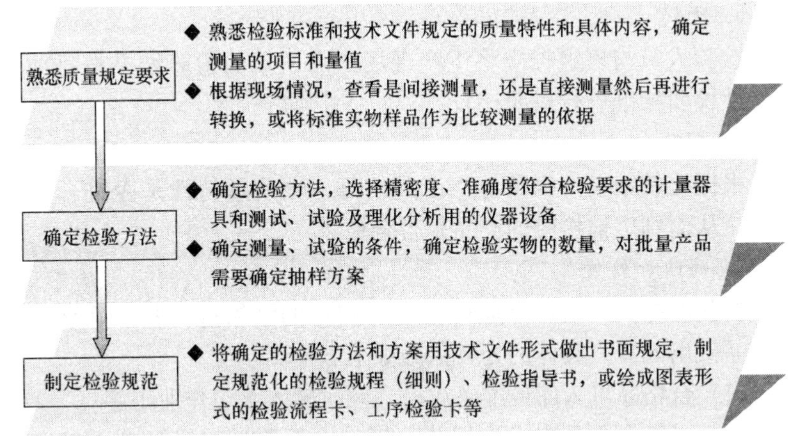

图 6—3 质量检验准备工作示意图

3. 记录

质量检验记录是证实产品质量的证据，因此检验人员与班组长需对测量或试验的情况进行记录，主要记录的内容和要求如图 6—4 所示。

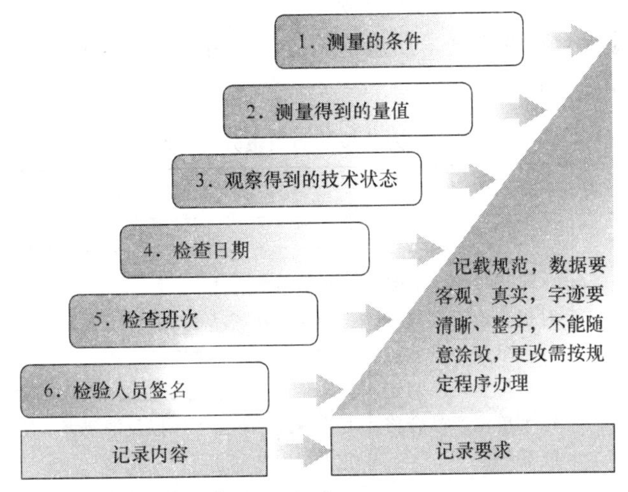

图 6—4 质量检验记录内容和记录要求

4. 比较

检验人员与班组长应将生产现场产品质量的检验结果与每项质量特性检验标准进行对照比较。

5. 判定

根据比较结果，确定生产产品的每一项质量特性是否符合标准要求，从而判定被检验的产品是否合格。

6. 确认和处置

检验的相关人员对检验的记录和判定的结果进行签字确认，并对产品做出处置。具体的处置措施如下：

（1）合格品可入库或准予放行，及时转入下道作业工序。

（2）对不合格品应做出退货、返工、返修、报废处理。对有重大质量问题的产品，应召集采购、仓储或生产等相关部门代表，进行评审，及时采取预防措施，避免或减少不合格品的再次发生。

（3）对批量产品，根据产品批次的质量情况和检验判定结果分别做出接收、拒收、复检的处置。

6.1.3 质量检验的方法

1. 根据检验的数量特征分类

按检验数量的特征，质量检验方法可分为全数检验和抽样检验，具体内容见表6—1。

表6—1　　质量检验方法按检验数量分类说明表

检验方法分类	说明	适用情况
全数检验	即100%检验，是对提交检验批次中每个单位产品实施逐个检验，以判定每个单位产品合格或不合格	◆当生产过程不能保证批次产品达到预先规定的质量水平时 ◆当批次产品不合格率太高时，采用全检可以提高检验后的质量 ◆因错检、漏检可能造成重大事故、人身伤亡事故或对下道工序以及消费者、使用者造成重大损失时 ◆检验效果高于检验费用时

续表

检验方法分类	说明	适用情况
抽样检验	根据样本所检验的结果，判定批次产品合格与否的过程	◆产品批量较大时 ◆检验项目较多时 ◆检验带有破坏性或损伤性时 ◆单位产品检验费用高或花费工时多时

2. 根据检验的原理分类

由于质量检验的原理、条件、设备不同，所以可将班组生产现场产品的质量检验方法分为感官检验、物料检验、化学检验、微生物检验和产品试验五种方法，具体见表6—2。

表6—2　　基于原理的质量检验方法分类

检验方法	说明	适用情况
感官检验法	即通过视觉、听觉、味觉、嗅觉、触觉来进行检验	◆一些产品的质量特性只能依靠感官检验产品的质量
物理检验法	指对商品的物理量及其在力、电、声、光、热的作用下所表现的物理性能和机械性能的检验，这种检验要通过仪器进行测量	◆几何量检验，如产品长、宽、高、内外径、角度、形状、表面粗糙度等 ◆物理量检验，如质量、密度、细度、黏度、熔点、沸点、导热、导电、磁性、电流、电压、频率等 ◆机械性能检验，如抗拉强度、抗压强度、抗剪切强度、硬度、弹性、韧性、脆性、塑性、伸长率、耐磨性等
化学检验法	采用化学分析法和仪器分析法能够检测产品的化学性质	◆产品的某些特性要通过化学反应才能显示出来，对于这类产品应用化学检验方法

续表

检验方法	说明	适用情况
微生物检验法	即卫生检验，对产品（主要是直接入口的产品）细菌污染的定性或定量检验	◆对食品、饮用水、口服及外用药品、化妆品、需灭菌的产品等进行卫生检验
产品试验法	对产品的技术标准，根据可检验性原则进行相应的试验方法	◆型式试验：对产品进行高低温试验、温度冲击试验、耐潮及防腐试验、防霉试验、防尘试验、密封试验、振动试验等 ◆常规试验：检查产品材料和加工的质量缺陷，检查产品的功能和安全性 ◆抽样试验 ◆特殊试验

3. 根据生产过程分类

按照产品的生产过程可将质量检验分为进料检验、制程检验以及成品检验。以下是对这三种检验的具体说明。

（1）进料检验　由检验人员在班组长的配合下，按照规定的检验项目、检查方法及检查数量对领用的原材料、外购件、外协件等进行投入生产使用前的检验。

（2）制程检验　为了防止加工过程中出现大批不合格品，避免不合格品流入下一道工序，需对生产过程中的在制品的与质量相关的要素进行必要的检验。

（3）成品检验　检验人员与班组长按照严格的程序和规程对全部生产的半成品和成品进行检验，以判断其是否符合出厂的标准。

6.1.4　质量检验的制度

检验人员与班组长在作业现场进行质量检验时，应加强质量检验的组织管理，严格遵守各项质量检验管理制度，确保检验结果准确有效，对生产现场产品的质量进行良好的控制。主要的质量检验管理制度有8项，如图6—5所示。

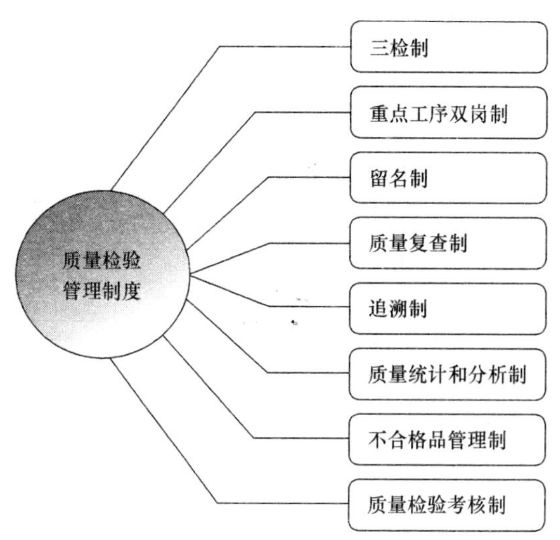

图6—5　质量检验管理制度

6.1.5　质量检验的工具

检验人员与班组长在对作业现场的产品进行检验时，会使用各种不同的检测仪器和器具，班组长应在日常工作中注意对这些仪器的保养和检修。常见的质量检验工具及使用方法见表6—3。

表6—3　　常用质量检验工具及使用说明表

序号	检验工具	使用说明
1	相位仪	用于检查各类电器使用的电源插座接线是否正确
2	测电笔	用于检查检测用电情况和电压负荷的量具
3	兆欧表	用于测量各种电机、电缆、变压器、电信元器件、家用电器和其他电气设备的绝缘电阻
4	卡尺	用于度量材料本身的结构尺寸
5	钢卷尺、软卷尺	度量和检查作业完成的线面尺寸和弧形尺寸

续表

序号	检验工具	使用说明
6	坡度尺、对角尺	检查施工面的坡度系数，检验材料或产品矩形尺寸的对等程度
7	温度计	测量材料温度
8	电子秤	用于量称材料质量
9	厚度仪	用于测量材料或产品厚度
10	激光水平仪	在墙面打出水平线，测量顶面及地面是否水平
11	检测反光镜	用于检查肉眼直观检查不到的部位
12	塞尺	用于测量产品或材料的间隙
13	塞规	用于检测产品的孔径
14	游标卡尺	测量长度、内外径、深度
15	千分尺	比游标卡尺更精密的测量长度的工具，可以精确到0.01毫米

6.2 质量检验实务

6.2.1 质量检验管理制度

<table>
<tr><td rowspan="2">制度名称</td><td rowspan="2">质量检验管理制度</td><td>编　号</td><td></td></tr>
<tr><td>执行部门</td><td></td></tr>
<tr><td colspan="4">

第1章　总　　则

第1条　为了规范生产现场检验工作，使检验人员开展工作有依据，各项质量检验工作有效、顺利地展开，确保产品质量，特制定本制度。

第2条　本企业进料检验、制程检验、产品检验、出货检验均应依本规程执行。

第3条　质量检验的管理职责。

1. 检验的相关人员应严格贯彻质量标准、严格执行检验制度，按质量检验标准对产品进行检验，做出正确判断，做好废品管理工作。

2. 检验工作要做到“预防为主”，坚持原材料检验，重视制程检验，严格成品检验，充分发挥现场作业人员自检的积极作用。加强关键工序、关键零件、关键产品的质量检验，关键零件、关键产品要建立质量记录档案。

</td></tr>
</table>

续表

制度名称	质量检验管理制度	编　　号	
		执行部门	

3. 检验的相关人员应加强对现场工艺操作规程的检查力度，遇到违反操作规程的情况应及时劝阻，必要时向生产车间主任反映，迅速采取措施。

4. 检验的相关人员应定期或不定期地组织抽查库存或已经检验合格的半成品、成品，并对质量检验工作的效果进行评估。

5. 检验的相关人员应严格计量器具管理，做好计量器具周期检定和量具维修工作。

6. 检验人员与班组长应参加新产品试制鉴定工作，参与新产品的设计工艺审核，对新产品能否正式投产提出意见。

第2章　进料检验

第4条　凡进厂原材料、外购件、外协件必须附有合格证或质量保证书，检验的相关人员要按规定的检验标准进行检验并将检验结果通知采购部。

第5条　凡不具有合格证的原材料、外购件、外协件，检验的相关人员应拒签入库单，财务部则不予结算。

第6条　客户对原材料的质量选定要求等同于“合同”要求，应作为检验合格入库的依据。

第7条　当供需双方或客户相互之间产生异议时，委托权威检测部门进行检测，协调认可后，作为检验合格入库的依据。

第8条　对不合格的进料，生产部可依据用料需求情况，决定是否召开材料需求会议。若需要特别采购，由采购部进行采购；若不需特别采购，则办理退货，由采购部开具“材料交运单”并附上有关的“材料检验报告”呈主管签字后，凭此运送异常材料出厂。

第3章　制程质量检验

第9条　各现场作业人员在生产过程中应做好“自检”和“互检”工作，检验人员应进行专检。

1. 自检工作

(1) 制程中每一位作业人员均应对所生产的制品进行自检，有质量异常问题时应及时予以解决；如遇特殊或重大异常时必须及时报告，应开立“异常处理单”，说明详细情况并上报给部门主管和质量管理部门。

(2) 车间主任和班组长应督促所属员工实施自检，并随时抽查所属员工的制程质量，遇到异常情况及时处理。

续表

制度名称	质量检验管理制度	编　　号	
		执行部门	

2. 互检工作

（1）流水线生产作业。下道工序的作业人员应检查上道工序产品的质量是否合格后再继续下道工序作业；若不合格，可拒绝接收在制品。

（2）非流水线作业。由车间主任或班组长对下属进行随时抽查。在条件允许的情况下，两种方法应同时实施。

3. 专检工作

除了现场作业人员自检、互检外，另外一个必不可少的检验就是专业人员的质量检查工作。

第 10 条　各生产环节的检验，均应强调“首检”，加强“巡检”，严格“终检”。

1. 首检工作

凡加工改变后的首件产品，均须进行检查，首件检查应由作业人员自检合格后交检验的相关人员进行首检，首检合格后，由检验人员在路线单及检验记录本上盖首检章后，方可批准成批加工生产，检验人员应对首检后的零件负责。

2. 巡检工作

在生产过程中反复进行巡检，检验人员与班组长每班至少巡检两次，做好巡检记录，并对巡检零件的结果负责。

3. 终检工作

当工序终结，零件去尽毛刺、铁屑、油污后进行终检。检验时应做好检验记录，主要零件的关键尺寸要符合检查记录要求。一般零件（或项目）抽检不少于____%，抽样检验时如发现不合格品，应加倍抽样复查，若仍不合格则退回生产部自检处理，自检合格后重新交验；否则，质检员可以拒检。

第 11 条　凡跨部门加工的零件须由加工部门的检验人员在路线单上签字，否则，下道工序可以拒检。

第 12 条　异常处理的具体措施。

1. 检验人员在制程中发现质量异常问题时，应立即采取措施并填写“异常处理单”，通知相关领导与品管部。

2. 品管部设立管理登记表登记制度并判定责任部门，通知其妥善处理。无法判定责任部门的，品管部会同有关部门共同判定。

3. 责任部门应及时调查异常原因，拟定改善措施，经公司总经理审批通过后实施。

4. 品管部对改善后的情况进行检查，如仍发现异常，则重新进行调查并拟定新的改善方案。

续表

<table>
<tr><td rowspan="2">制度名称</td><td rowspan="2">质量检验管理制度</td><td>编　　号</td><td></td></tr>
<tr><td>执行部门</td><td></td></tr>
<tr><td colspan="4">

第4章　成品质量检验

第13条　成品由检验人员按有关的质量标准进行检验，做好相应的记录，并加盖等级章或签发合格证，然后可以办理入库包装手续，对不合格品，按“不合格品控制程序”执行。

第14条　产品入库前必须按规定要求进行清洗、防锈或加油封。

第15条　成品入库前应确认入库产品有无合格标识，对无合格标识的产品，有权拒绝入库。

第5章　紧急放行处理

第16条　当所需产品因生产或客户急需来不及验证时，在可追溯的前提下，由生产部或销售部填紧急放行申请单，由总经理或管理者代表批准后，方可出厂。

第17条　在放行的同时，检查人员应继续完成该批产品的检验，当发现不合格时，责成生产部、销售部及相关人员对该批紧急放行的产品进行追踪处理。

第18条　除非客户批准，否则在所有规定活动均已圆满完成之前不得放行产品和交付服务，客户批准放行后，必须记录该情况。

第6章　附　　则

第19条　品管部负责本制度的制定、修改和废止。

第20条　本制度经总经理批准后执行。

</td></tr>
</table>

编制人员		审核人员		批准人员	
编制日期		审核日期		批准日期	

6.2.2 产品抽检管理制度

<table>
<tr><td rowspan="2">制度名称</td><td rowspan="2">产品抽检管理制度</td><td>编　　号</td><td></td></tr>
<tr><td>执行部门</td><td></td></tr>
<tr><td colspan="4">

第1章　总　　则

第1条　目的

为对完工后的产品质量进行抽样检验，保证不合格的产品不入库、不出厂，确保客户利益和公司自身的信誉，特制定本制度。

</td></tr>
</table>

续表

制度名称	产品抽检管理制度	编　号	
		执行部门	

第 2 条　适用范围

本制度适用于产品完工后和产品出厂前的抽检工作。

第 3 条　职责分工

1. 品管部成员及检验人员负责抽样检验工作。
2. 生产部负责待检产品的准备工作。
3. 仓储部相关人员负责产品的仓储管理。

第 2 章　产品抽检准备

第 4 条　产品抽检的条件

若出现下列情形时，产品检验人员可进行产品抽检。

1. 必须进行破坏性检验，否则所有产品都将受影响时。
2. 当全数检验的成本超出不合格品成本很高时。
3. 受时间、人力、设备限制，无法进行全数检验时。

第 5 条　产品抽检准备内容

产品抽检前，产品检验人员需做好准备工作，具体准备内容见下表。

产品抽检准备内容表

序号	准备项目	具体内容
1	明确引用标准	以国家发布的统计抽样标准为执行标准
2	明确批次的组成	本公司要求检验批次只能由在基本相同时段和一致的条件下生产的产品组成，即产品符合一致性原则
3	明确抽样方法	抽检人员应根据抽样对象特征选择适当的抽样方法，按照抽取样本的次数可分为一次抽样和二次抽样、多次抽样、循环抽样 4 种方法，本公司以一次抽样和二次抽样为主

续表

制度名称	产品抽检管理制度	编　　号	
		执行部门	

序号	准备项目	具体内容
4	明确抽样技术	产品检验员根据抽样对象特征选择适当的抽样方式，抽样方式主要包括以下7种，如下图所示。 1 单纯随机抽样 2 系统抽样。按时间、数量间隔抽样 3 区域抽样 4 分层抽样。先分层后再抽样 5 分段抽样 6 曲折抽样。具有规律性地随机抽样 7 反复抽样

第3章　产品抽检的实施

第6条　检验水平适用条件

产品检验人员应根据要求确定检验水平，检验水平选择条件见下表。

检验水平选择的条件说明表

检验水平	适用条件
检验水平Ⅰ	◆即使降低判断的准确性，对客户使用该产品也无明显影响 ◆单位产品的价格较低 ◆产品生产过程较稳定，随机因素影响小 ◆各个检验批次内的质量比较均衡 ◆产品批次不合格时，带来的危险性较小
检验水平Ⅱ	◆买方在产品的使用上无特殊要求 ◆单位产品价格中等 ◆产品质量在生产过程中受随机因素影响，但不是很大 ◆各个检验批次之间的质量状况有一定波动 ◆产品批次不合格时，有危险性，但不是很大

续表

制度名称	产品抽检管理制度	编　号	
		执行部门	

检验水平	适用条件
检验水平Ⅲ	◆ 买方在产品的使用上有特殊要求 ◆ 单位产品价格较高 ◆ 产品质量在生产过程中容易受随机因素影响 ◆ 各个检验批次之间的质量有较大的波动或差别 ◆ 产品批次不合格时，平均处理费用远超过检验费用 ◆ 对于质量检验标准把握不大的新产品
特殊检验水平	◆ 检验费用非常高 ◆ 贵重产品的破坏性检验 ◆ 宁愿增加对批次质量误判的危险性，也要尽可能减少样本数

第 7 条　确定样本数

抽检样本数 n 与检验水平相关，产品检验组班组长应根据各批次检验情况确定。

第 8 条　一次抽检的操作原理与程序

产品检验班组长需掌握一次抽样的操作原理，熟练操作程序。

1. 操作原理

产品检验组从产成品批次中抽取一次样本，根据此次抽取样本的检验结果，决定检验批次合格不合格。

2. 操作程序

以 N 代表批量，n 代表样本数，Ac 代表允许通过的不合格数，$Re=Ac+1$，d 代表样本中不合格数，操作程序如下图所示。

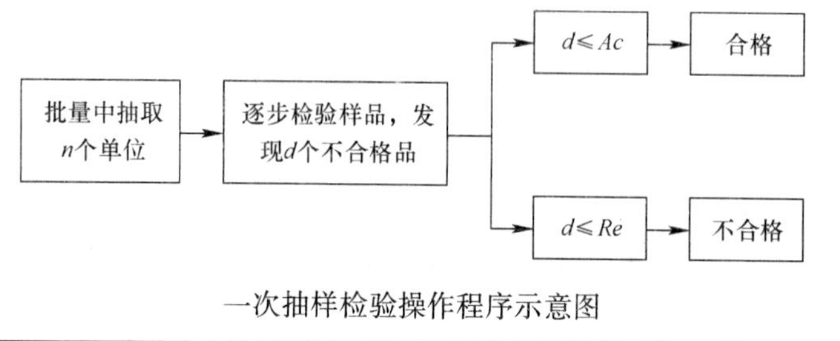

一次抽样检验操作程序示意图

续表

制度名称	产品抽检管理制度	编　　号	
		执行部门	

第 9 条　二次抽检的操作原理与程序

进行完一次抽样检验后，产品检验班组需对产品进行二次抽样检验。

1. 操作原理

产品检验组根据第一次样本的检验结果，决定合格与否，再抽取一次样本，并根据两次样本的结果对照检验标准，以决定该批次产品是否合格。

2. 操作程序

以 N 代表批量，n 代表样本数，Ac_1 代表第一次样本的允许通过数，Ac_2 代表第二次样本的允许通过数，n_1 代表第一次样本量，n_2 代表第二次样本量，d_1 代表第一次样本的不合格数，d_2 代表第二次样本的不合格数，操作程序如下图所示。

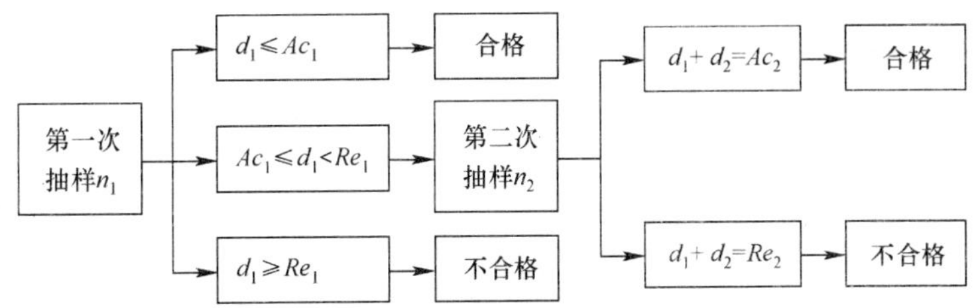

注：$Re_2=Ac_2+1$

二次抽样检验操作程序示意图

第 10 条　注意事项

1. 产品检验组在抽检时，应根据抽样方案规定的样本量，从产品批次中随机抽取样本，对样本逐个进行检验。

2. 将检验中发现的不合格品数或累计不合格品数与方案规定的判定数组进行对比，进而对检验批次做出判定。

第 4 章　产品抽检结果的处理

第 11 条　合格批次的处理

1. 对检验合格的批次，产品检验班组应将样本中发现的不合格品返回生产流水线进行加工修理。

2. 合格批次整批接收，产品检验班组做记录，并通知仓储办理入库，或者告知现场生产班组进入下一道工序。

续表

<table>
<tr><td rowspan="2">制度名称</td><td rowspan="2">产品抽检管理制度</td><td>编　　号</td><td></td></tr>
<tr><td>执行部门</td><td></td></tr>
<tr><td colspan="4">第 12 条　不合格批次的处理
1. 返回现场生产作业人员加工修理。
2. 全部更换不合格品或修复不合格品。
3. 产品检验组对产品进行全检，挑出不合格品。
4. 报废处理。
第 5 章　附　　则
第 13 条　本制度由品管部负责制定、解释和修订。
第 14 条　本制度经总经理审批通过后执行。</td></tr>
</table>

编制人员		审核人员		批准人员	
编制日期		审核日期		批准日期	

6.2.3　不合格品管理制度

<table>
<tr><td rowspan="2">制度名称</td><td rowspan="2">不合格品管理制度</td><td>编　　号</td><td></td></tr>
<tr><td>执行部门</td><td></td></tr>
<tr><td colspan="4">第 1 章　总　　则
第 1 条　目的
为对进料过程、产品制造过程及交付后的产品发生的不合格品进行识别和控制，减少成本损失，提升产品质量，特制定本制度。
第 2 条　适用范围
本制度适用于对批量不合格的原辅材料、半成品及成品的管理与处理。
第 3 条　职责分工
公司品管部负责不合格品的控制与管理工作，并监督生产部门对不合格品的返工、筛选、标识及隔离工作。
第 2 章　不合格品的评审和处理方案
第 4 条　不合格品来源分类
1. 进料检验不合格。
2. 制程检验不合格。
3. 成品检验不合格。
4. 遭客户投诉或退货的产品。</td></tr>
</table>

续表

制度名称	不合格品管理制度	编　　号	
		执行部门	

第 5 条　不合格品的评审

1. 当发现不合格品后，由发现者填写“不合格品处理报告单”，由公司品管部负责组织有关部门进行评审。

2. 进行不合格品的评审时应分析原因，制定处理方案，填写“不合格品处理报告单”，由参与评审人员签字认可后，报生产总监审批；对影响重大的不合格品的评审意见，必须报公司总经理审批。

第 6 条　不合格品的处理方案

不合格品的处理方案包括以下 4 种方式。

1. 返工或返修。

2. 让步接收。

3. 降级使用。

4. 拒收或报废。

第 3 章　各类不合格品的识别和处理

第 7 条　进料不合格品的识别和处理

进货料不合格品的鉴别、标识由品管部质检专员负责，检验员在不合格物料上用记号笔或“不合格”标签直接在物料上做标记，仓库将其放置于不合格品区。同时，检验员在“物料检验报告单”上写明不合格原因后，按下列方式处理。

1. 对不合格品做出拣用处置的由检验员依据有关要求，进行全检并记录，对拣出的不合格品做出让步或退货处理。

2. 对不合格品做出让步接收处置的由责任部门或生产部门在“物料检验报告单”上提出让步品的使用数量和使用期限申请，经品管部和生产部同意后，报生产总监审批。

3. 对不合格品做出退货处置的按下述方式执行。

（1）整批退货。

（2）被判定为废品的，直接开具“报废单”，并做相应标识。

（3）被判定为返工或返修品的由责任方自行负责，返工或返修后应按另一个交货批次重新提交检验。

第 8 条　制程不合格品的识别和处理

制程不合格品的鉴别、标识、隔离由质检人员负责，不合格品的处理方法如下。

1. 首检不合格时，转生产部门分析原因，并停产。生产部门实施纠正措施后，再进行首检确认，合格后方可生产。制程巡检中发现的不合格品，应及时反馈给生产部门，责令其改善。出现以下三种情况之一的应开具“异常反馈单”。

续表

制度名称	不合格品管理制度	编　　号	
		执行部门	

（1）不良品持续生产 30 分钟。

（2）不良品占总数的 20%或报废率达 5%。

（3）现场管理人员改善无力或拒绝改善的。

2. 对制程中所产生的不合格品，应做出标识并放置于不合格品区，确认其不合格性质并给予相应处理。

3. 在对转移工序的检验中发现不合格品，应立即隔离，确认其不合格性质后进行处理。

第 9 条　成品不合格品的识别和处理

根据公司的检验标准，成品检验不合格时，必须确认其不合格性质，交生产部门返工、返修。对仓储过程中产生或发现的不合格品，应立即隔离，确认不合格性质后进行处理。

第 10 条　交付或开始使用后发现的不合格品

对已交付或开始使用后发现的不合格品，退回后再经品管部检验确实不合格的，确认不合格性质并按照公司退货的相关规定进行处理。

第 11 条　不合格品处理的验证

有关部门在进货、制造和交付后的产品发生不合格品时，应查明原因，把出现批量不合格品、不合格品率超出公司规定的指标值、异常的不合格现象等信息，及时填写在“质量信息处理单”上并报给品管部，必要时执行纠正和预防措施。

第 12 条　不合格品的控制分析

品管部负责组织有关部门对不合格品的处理结果进行验证，填写“不合格品处理报告单”，由参与验证人员签字，并报生产总监审批。

第 13 条　不合格品的控制分析

品管部负责将不合格品的控制情况每月上报给相关领导。在领导每次评审前，品管部要对公司不合格品的控制情况进行汇总分析，编制“不合格品控制分析报告”，提交评审。

第 4 章　附　　则

第 14 条　本制度由品管部制定，解释权归品管部所有。

第 15 条　本制度自公布之日起执行。

编制人员		审核人员		批准人员	
编制日期		审核日期		批准日期	

6.2.4　进料检验操作流程

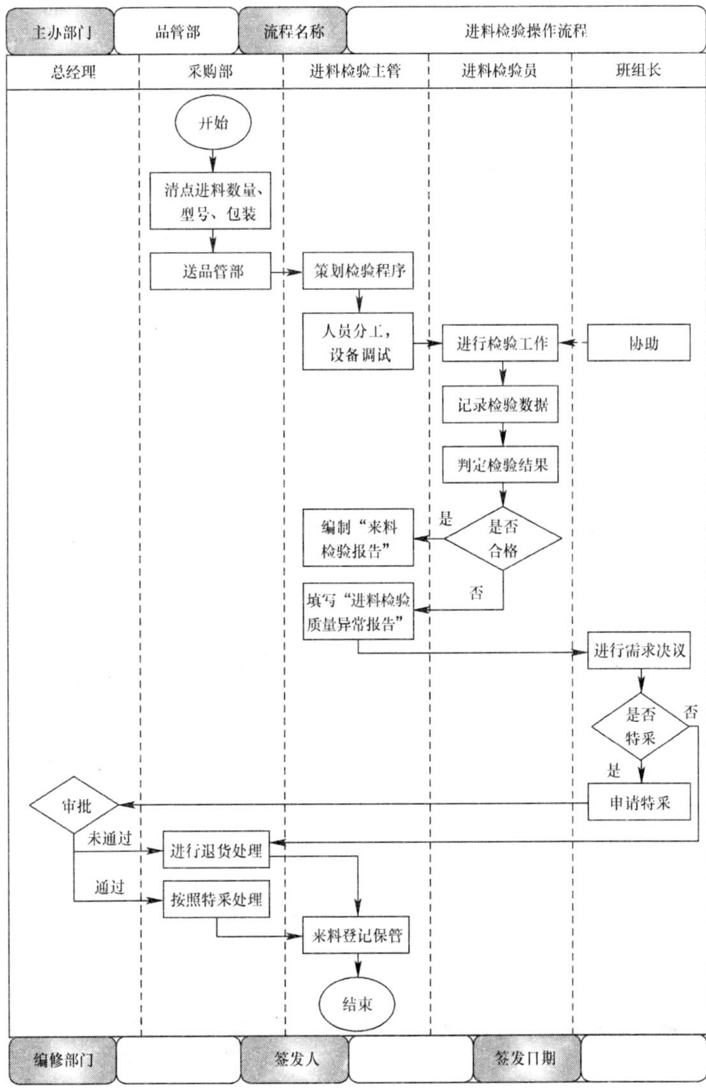

6.2.5 抽样检验操作流程

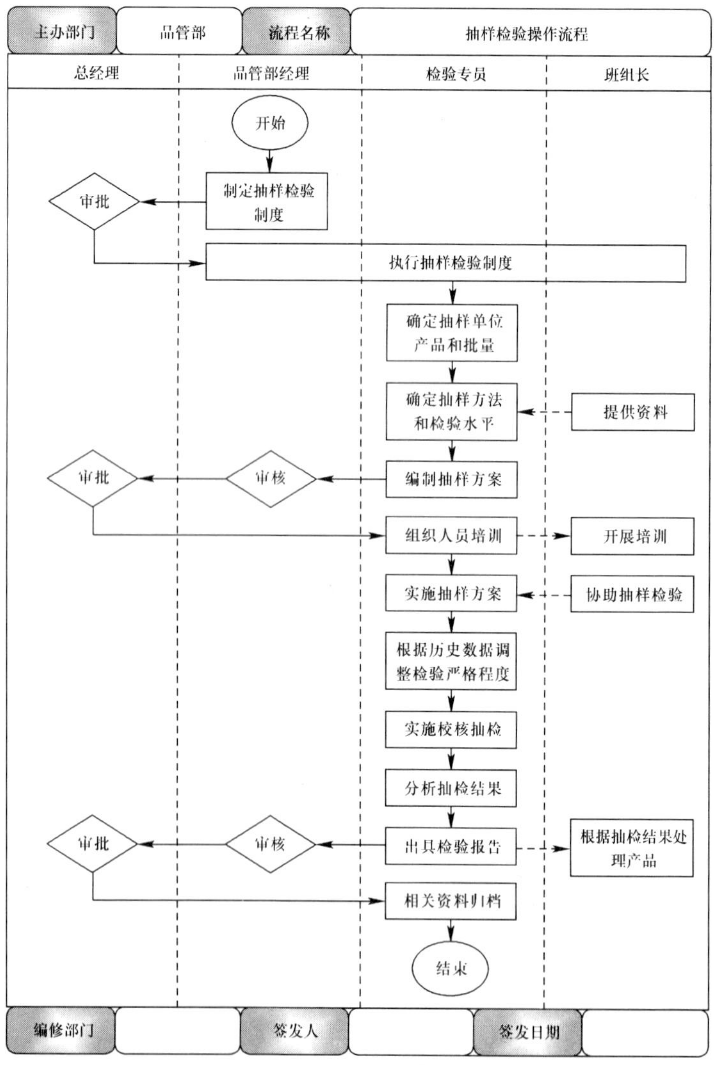

6.2.6 成品检验操作流程

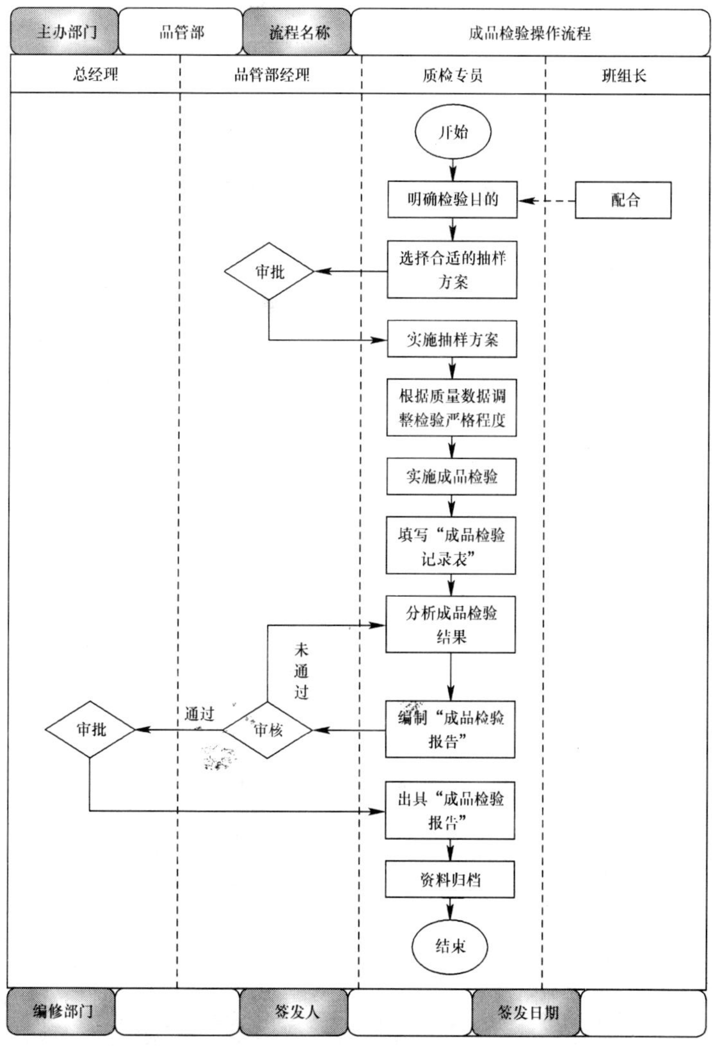

6.2.7 质量检验操作流程

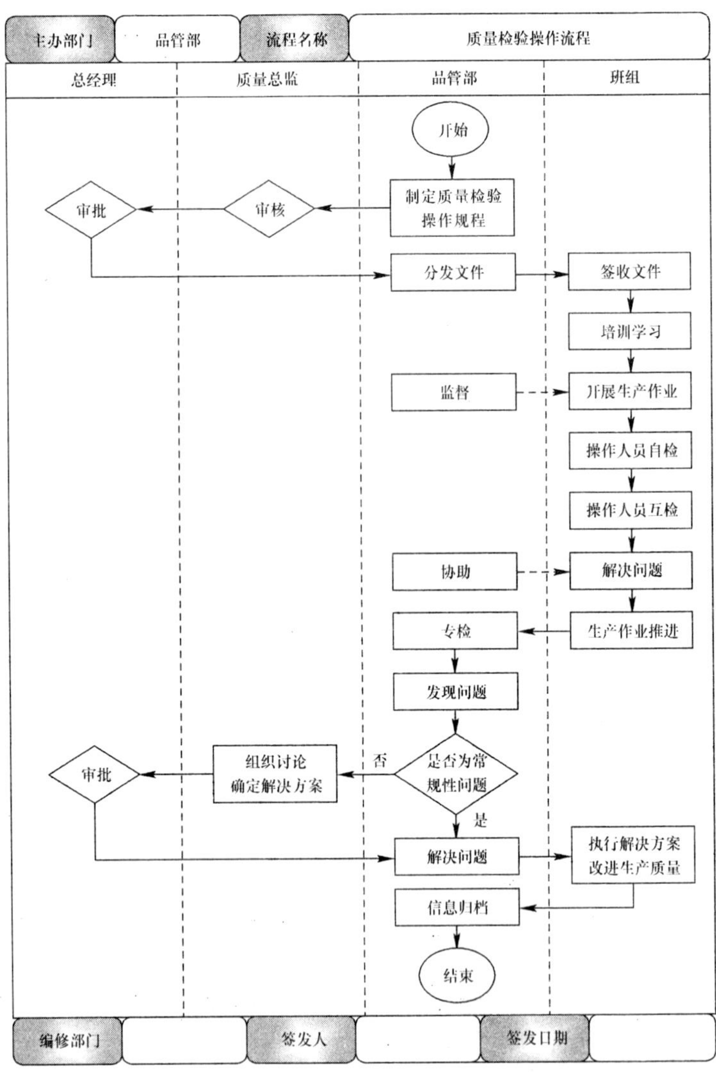

6.2.8 质量检验记录工具

1. 原辅料检验报告表

编号：　　　　　　　　　　　　　　　　填写日期：　　年　　月　　日

<table>
<tr><td colspan="2">材料名称</td><td colspan="2"></td><td>材料编号</td><td></td><td>材料规格</td><td></td></tr>
<tr><td colspan="2">材料数量</td><td colspan="2"></td><td>材料日期</td><td></td><td></td><td></td></tr>
<tr><td rowspan="4">检验记录</td><td>检验项目</td><td>检验标准</td><td>检验结果</td><td>合格</td><td>不合格</td><td>备注</td><td rowspan="4">总评
□ 合格
□ 不合格</td></tr>
<tr><td></td><td></td><td></td><td></td><td></td><td></td></tr>
<tr><td></td><td></td><td></td><td></td><td></td><td></td></tr>
<tr><td></td><td></td><td></td><td></td><td></td><td></td></tr>
<tr><td colspan="2">检验意见</td><td colspan="6"></td></tr>
<tr><td colspan="2">检验员</td><td></td><td colspan="2">质量检验主管</td><td></td><td>质量部经理</td><td></td></tr>
<tr><td colspan="2">仓库验收记录</td><td colspan="2"></td><td>验收数量</td><td colspan="3">□ 足量　□ 溢交　□ 短缺</td></tr>
</table>

2. 制程质量检验标准表

编号：　　　　　　　　　　　　　　　　填写日期：　　年　　月　　日

<table>
<tr><td>产品名称</td><td></td><td>产品编号</td><td></td><td>工序名称</td><td></td><td>作业标准书号</td><td></td></tr>
<tr><td>检验点</td><td>检验项目</td><td>检验方法</td><td>抽样数</td><td>作业标准</td><td>合格范围</td><td>注意事项</td><td>采取措施</td></tr>
<tr><td></td><td></td><td></td><td></td><td></td><td></td><td></td><td></td></tr>
<tr><td></td><td></td><td></td><td></td><td></td><td></td><td></td><td></td></tr>
<tr><td>作业标准说明</td><td colspan="7"></td></tr>
</table>

编制人：　　　　　　　　　　制程检验主管：　　　　　　　　品管部经理：

3. 产品检验记录表

车间：　　　　　　　　　　　　　　　　填写日期：　　年　　月　　日

<table>
<tr><td rowspan="2">检验日期</td><td rowspan="2">产品名称</td><td rowspan="2">批号</td><td rowspan="2">检验数量</td><td colspan="5">检验结果</td></tr>
<tr><td>成品不合格数</td><td>加工不合格数</td><td>合格数</td><td>不合格数</td><td>不合格率</td></tr>
<tr><td></td><td></td><td></td><td></td><td></td><td></td><td></td><td></td><td></td></tr>
<tr><td></td><td></td><td></td><td></td><td></td><td></td><td></td><td></td><td></td></tr>
<tr><td></td><td></td><td></td><td></td><td></td><td></td><td></td><td></td><td></td></tr>
</table>

4. 质量异常通知单

通知单位： 填写日期： 年 月 日

产品或零部件名称	产品或零部件规格	抽样数	不良数	不良原因	发现时间及处理方式

5. 生产过程检验标准表

产品名称： 部门： 页次：

<table>
<tr><td rowspan="3">生产过程</td><td colspan="5">生产部负责工作</td><td colspan="4">品管部负责工作</td></tr>
<tr><td colspan="3">生产过程管理</td><td colspan="2">检验项目</td><td rowspan="2">检验项目方法</td><td rowspan="2">抽样数</td><td rowspan="2">合格范围</td><td rowspan="2">不合格时采取的措施</td></tr>
<tr><td>工作项目说明</td><td>作业标准</td><td>注意事项</td><td>检验点</td><td>合格范围</td></tr>
<tr><td></td><td></td><td></td><td></td><td></td><td></td><td></td><td></td><td></td><td></td></tr>
<tr><td></td><td></td><td></td><td></td><td></td><td></td><td></td><td></td><td></td><td></td></tr>
</table>

6. 产品质量抽查记录

机器名称： 班别：

抽查项目 / 抽查时间								平均	标准
备注									

抽查员： 主管：

7. 检验工序作业指导书

工序检测卡片	产品名称		工序号		文件编号		版本号		
	产品型号		工序名称		检测部门		页码		
序号	检查项目		检查要求		检测方法		简图		
标记		处数		更改单号		签字		日期	
审核			批准			编制			
日期			日期			日期			

8. 工序质量检验评定表

工序名称			部门名称					工程数量							
保证资料	项目							质量情况							
	1														
	2														
检查项目	项目							质量情况							
	1														
	2														
实测项目	项目	允许偏差	不合格点偏差值										应检点数	合格点数	合格率（%）
			1	2	3	4	5	6	7	8	9	10			
检查结果	保证资料														
	检查项目														
	实测项目	主要项目合格率（%）													
		非主要项目合格率（%）													
复检结果：		复检人：				日期： 年 月 日									
交方班组		接方班组				平均合格率（%）									
						评定等级									

第7章　质量改进控制

7.1　质量改进内容

7.1.1　质量改进的方法

质量改进（Quality Improvement），是为了给企业提供增值效益，在整个班组内所采取的提高生产活动和过程的效果与效率的措施。质量改进可消除班组系统性的问题，使班组现有的质量水平在控制的基础上加以提高，达到一个新水平、新高度。

质量改进的步骤本身就是PDCA循环。一个PDCA循环一般都要经历以下4个阶段、8个步骤。

1. PDCA的4个阶段

PDCA主要包括P（计划）、D（执行）、C（检查）、A（总结）4个阶段，各阶段的介绍如图7—1所示。

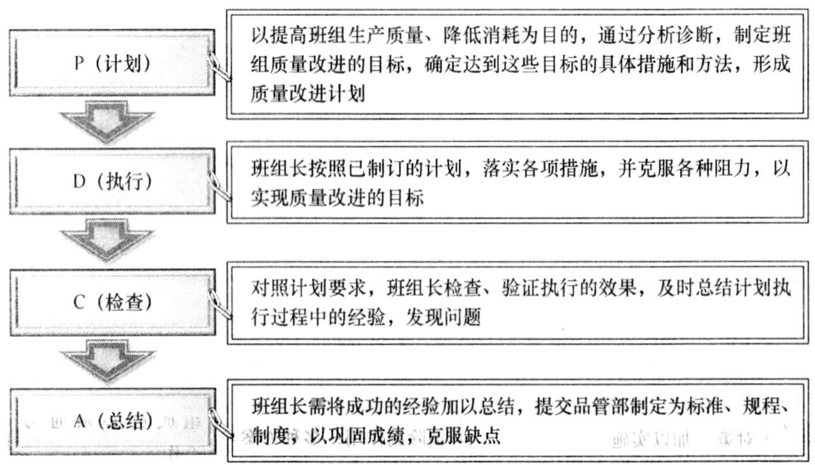

图7—1　PDCA的4个阶段介绍图

2. PDCA 的 8 个步骤

PDCA 的 8 个步骤是 4 个阶段的进一步细化，说明了 PDCA 的具体实施步骤，每个步骤的内容及注意事项见表 7—1。

表 7—1　　PDCA 的 8 个步骤介绍表

序号	步骤	步骤说明	注意事项	内容
1	选择主题	班组需改进的问题和对象，主要考虑质量、成本、交货期、安全、激励、环境等因素	考虑解决问题的优先顺序，明确阐述解决的必要性、目标 SMART 原则	描述问题影响的范围和程度、背景、目标、团队、责任人
2	掌握现状	确定质量改进主题后，进一步把握班组当前问题的现状	调查班组问题的特征，收集班组现有数据中未包含的信息	问题的时间、地点、种类、特征；将现有数据和其他信息相结合，明确思路，寻找突破口
3	分析问题原因	给出一个设立假说，验证假说的过程	设立假说，列出可能的原因；验证假说，找出主要原因	借助因果图工具，确定假设问题的原因；根据重新试验和调查，有计划地进行验证
4	拟订对策	对原因进行分析处理以后，就要制定班组质量改进对策	将现象的排除（应急对策）与原因的排除（永久对策）严格区分开	对策有两种，一种是去除现象（应急对策），另一种是消除引起结果的原因，防止再发生（永久对策）。要多角度、广泛评估
5	实施对策	班组长对制定的对策加以实施	采取对策后，尽量不要引起副作用，并考虑消除副作用；多种方案，权衡利弊	采取对策时，班组成员必须通力合作

续表

序号	步骤	步骤说明	注意事项	内容
6	确认效果	正确确认班组质量改进效果，防止因误认为问题已解决而导致问题再发生；或因忽视改进成果，挫伤积极性	使用图表工具将班组采取对策前后的质量、成本等指标进行比较；尽可能用财务收益指标衡量；有形、无形效果都应确认	将成果换算成经济效益，让企业经营者认识到质量改进的重要性；若采取对策后未达到预期效果或失败，则需严格确认每个步骤，或重新开始
7	防止再发生和标准化	对质量改进的有效措施进行标准化，并纳入班组管理制度、文件，以防止同样问题再次发生	再次确认5W1H（what，why，who，where，when，how）；在班组内进行相关标准的宣传贯彻；实施班组培训教育	如果没有标准，问题会再次发生；使标准成为班组人员的执行习惯
8	总结	对改进效果不显著的原因及改进实施中出现的问题，予以总结，为展开新一轮班组质量改进活动提供依据	找出遗留问题；考虑解决这些问题后下一步怎么做；总结经验	质量改进需要持续、长期地开展下去；制定解决遗留问题的下一步行动方案

7.1.2 质量改进七工具

质量改进七工具经常被企业灵活地运用到班组生产过程中，以系统地收集与产品质量有关的各种数据，并用统计方法对数据进行整理、加工和分析，进而画出各种图表，计算某些数据指标，从中找出质量变化的规律，实现对班组质量的改进。

为确保质量改进的顺利进行，班组长需对质量改进七工具做到熟悉掌握和灵活运用。质量改进七工具为检查表、排列图、散布图、因果图、分层法、直方图和控制图，具体适用条件见表7—2。

表 7—2　　质量改进七工具的适用条件

工具项	其他称呼	具体适用条件
检查表	检核表 调查表	◆正确把握现状，了解质量问题出现的次数，掌握产品缺陷数的分布情况，找出产生质量问题的主要原因 ◆整理原始数据 ◆为了掌握产品的质量而进行核查
排列图	帕累托图 柏拉图	◆分析不良产品的数量，掌握最关键的不良因素 ◆该方法只适用于在计数值统计条件下分析关键的少数及有用的多数 ◆发生质量问题后，用排列图进行分析，用以确定改善的目标 ◆将改良前后的排列图进行对比，用以确认问题改善的效果
散布图	分散图	◆分析两组数据之间是否存在相关关系 ◆确认两组相关数据之间的预期关系
因果图	特性要因 图鱼骨图	◆寻找关键的质量问题 ◆寻找质量问题的关键原因 ◆根据找出的因果关系，制定改善的对策，以消除产生问题的原因 ◆表示质量改善期望结果与对策间的关系，以确认改善目标是否达成 ◆理顺混乱的因果关系，分析日常管理工作中的问题，帮助企业进行决策，明悉企业战略目标的重点等
分层法	层别法 （图）	◆从不同的角度发现质量问题，将杂乱无章的数据归为有意义的类别，达到一目了然的目的，弥补靠经验和直觉判定方法的不足 ◆解决质量数据的分类问题，通过数据分类，为设计查验表提供依据 ◆与其他方法结合使用，如控制图、直方图等，以便更好地控制质量

续表

工具项	其他称呼	具体适用条件
直方图		◆直观地传达有关过程情况的信息，用以判断生产工序质量的稳定性 ◆推断工序质量符合标准的程度 ◆分析不同因素对质量的影响，并确定质量改进的重点 ◆为计算工序能力指数提供有关数据 ◆验证测量方法和算法是否有偏差，并判断数据真伪
控制图	管制图	◆监控系统性因素造成的质量波动、预防不合格品发生 ◆判断工序质量的稳定性和工艺过程的稳定程度 ◆分析控制工艺过程的质量状态，及时发现和消除工艺过程中的失控现象 ◆明确机器设备和工艺装备有无失调现象，为产品质量改进和质检提供依据

7.1.3 质量改进新工具

随着质量管理的深入发展，质量改进七工具已经不能够满足多样化的质量管理要求，无法有效地解决更复杂的问题，难以适应时代发展的要求，于是产生了质量改进新七大工具。班组长应该熟悉、掌握质量改进新工具。

1. 质量改进新工具的地位

质量改进新七大工具即亲和图法、关联图法、系统图法、矩阵图法、过程决策程序法（PDPC法）、箭线图法和矩阵数据分析法等。质量改进新七大工具在质量管理中的地位如图7—2所示。

2. 新老质量改进工具的差异

质量改进新老七大工具在管理环节、分析内容、使用人员、所用资料和侧重点等方面都不相同，具体的区别如图7—3所示。

3. 质量改进新七大工具的适用情况

质量改进新七大工具的适用情况见表7—3。

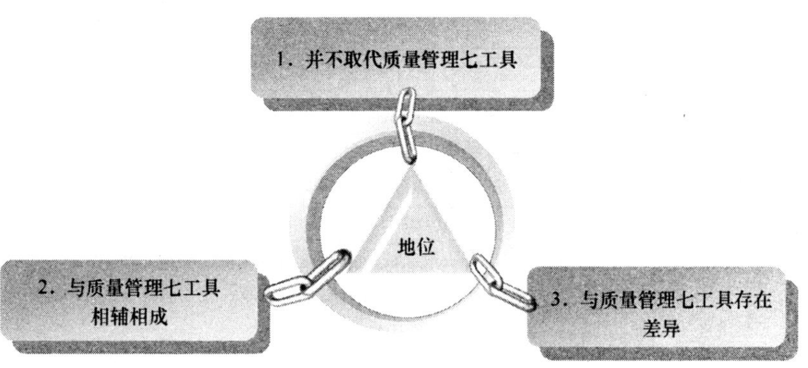

图 7—2 新七大工具在质量管理中的地位图

图 7—3 质量改进新老七大工具的区别图

表 7—3　　质量改进新七大工具的适用情况

新七大工具项	工具归属	适用情况
亲和图	思考法	◆从杂乱的数据中采集信息，组合成易懂的方案 ◆整理混淆不清的事务或现象，以明确问题与突破现状 ◆掌握各种问题的重点，找出改善的对策 ◆用于全面质量管理的推行 ◆用于拟订企业方针、目标，市场调查和预测，研究开发

续表

新七大工具项	工具归属	适用情况
关联图	思考法	◆理清复杂因素间的关系，发现现场问题 ◆市场调查和投诉分析 ◆用于目标方针管理的展开
系统图	树状图法	◆系统地寻求实现目标的手段 ◆制订质量保证计划，对质量保证活动进行展开 ◆对解决企业的有关质量、成本、交货期等问题的创意进行展开 ◆可与因果图结合使用 ◆还可用于目标方针、实施事项的展开，明确部门职能、管理职能
矩阵图	行列法	◆利用二元性的排列，找出其相对因素，找出问题所在 ◆从二元性关系中，获得解决问题的思路 ◆还可用于表示两组事件之间的关系或相关的程度
PDPC	思考法	◆预测设计中可能出现的障碍和结果，寻找最佳决策方案 ◆目标管理的设定
箭线图	网状图法	◆找出工作中的关键路线，制订有效的质量管理的计划，合理安排时间进度 ◆掌握工程各步骤的相互层次关系和整体计划情况 ◆改善计划方案，在计划实施阶段进行计划调整
矩阵数据分析法	坐标分析	◆对多个变动且复杂的质量因素进行解析，找出主要因素 ◆分析复杂因素相互交织的工序，从大量的数据信息中分析不良因素

7.2 QC小组活动

7.2.1 QC小组

QC小组是以保证、提高和改进产品质量、工作质量和服务质量为目的，由在生产或工作岗位上从事各种劳动的员工组织起来的，运用质量管理的理论和方法开展活动的小组。

1. 组建方式

QC 小组主要按劳动组织、工作性质、课题内容等标准建立，具体的组建方式如下：

（1）按劳动组织建立 QC 小组　这类小组主要是以班组、岗位、工种、部门为中心，以技术骨干和全面质量管理积极分子为主，在共同劳动中自愿组建成的小组。

（2）按工作性质建立 QC 小组　按工作性质建立的 QC 小组可分为以班组人员为主，以提高产品质量、降低消耗为目的的“现场型”小组；以车间管理人员为主，以提高工作质量为主的“管理型”小组；以攻克技术关键为目的的“攻关型”小组。

（3）按课题内容建立 QC 小组　这类小组是以某一课题为活动内容，由参加该课题活动的相关人员组成。课题结束，该小组也自行解散或根据新的课题重新组建。

不管采取哪种形式，建立 QC 小组的基本原则是要有利于小组活动的开展，能够达到活动的目的。

2. QC 小组导入

在导入 QC 小组的过程中，需注意以下 4 项内容，具体如图 7—4 所示。

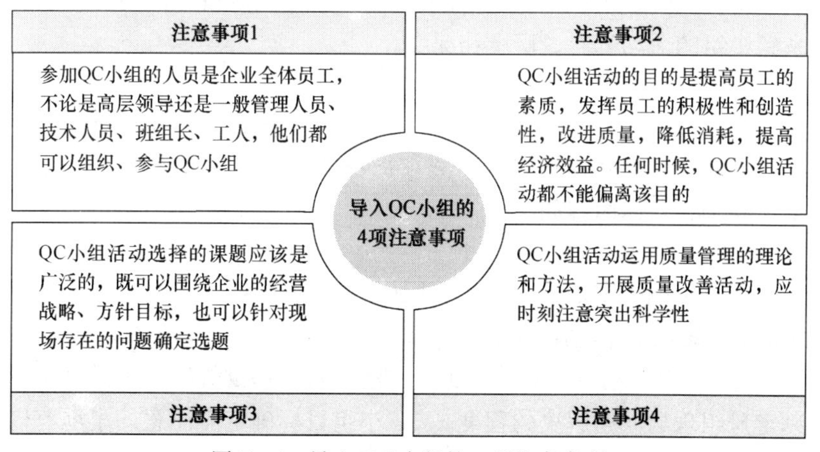

图 7—4　导入 QC 小组的 4 项注意事项

7.2.2 QC 小组活动程序

企业要建立 QC 小组，实施质量改进活动，可按照以下程序来进行，QC 活动具体的程序如图 7—5 所示。

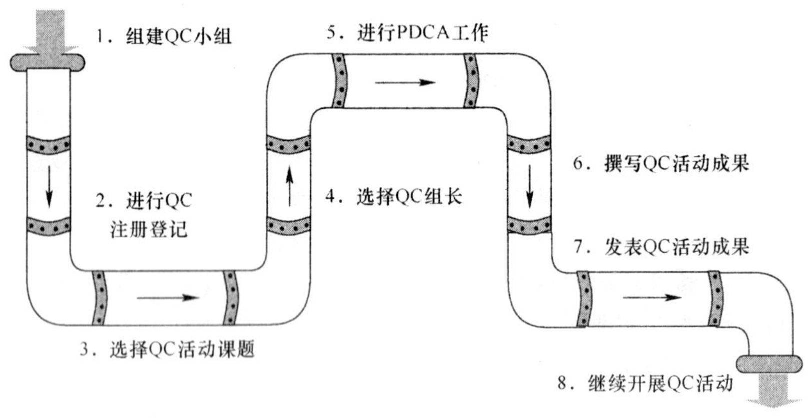

图 7—5　QC 小组活动程序图

7.2.3 QC 小组课题选择

QC 小组活动的课题是 QC 小组在一个时期内奋斗的目标，它关系到小组的活动方向、广度和深度。

1. 课题选择原则

要使 QC 小组的活动不流于形式，除加强 QC 小组活动的管理外，活动课题的选择也十分重要。选择活动课题，应遵循以下 4 项基本原则，具体内容如图 7—6 所示。

2. 课题选择方法

QC 小组选择课题常用的方法如图 7—7 所示。

7.2.4 QC 小组活动目标的确定

QC 小组活动目标的确定为检查活动效果提供依据，帮助班组长判定班组现场问题解决的程度。QC 小组目标确定需注意的事项有以下 3 点，具体如图 7—8 所示。

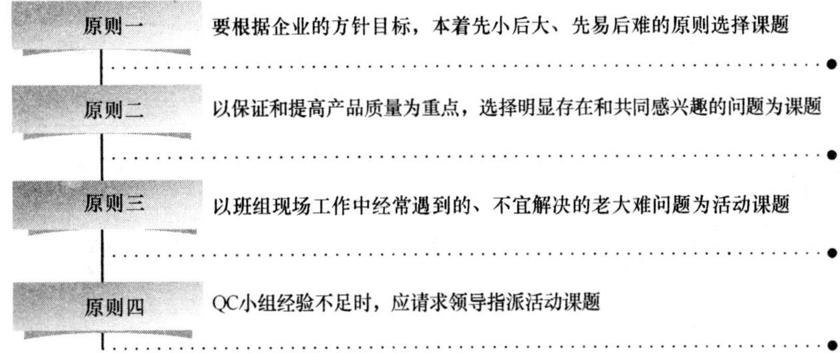

图 7—6 选择活动课题的 4 项基本原则

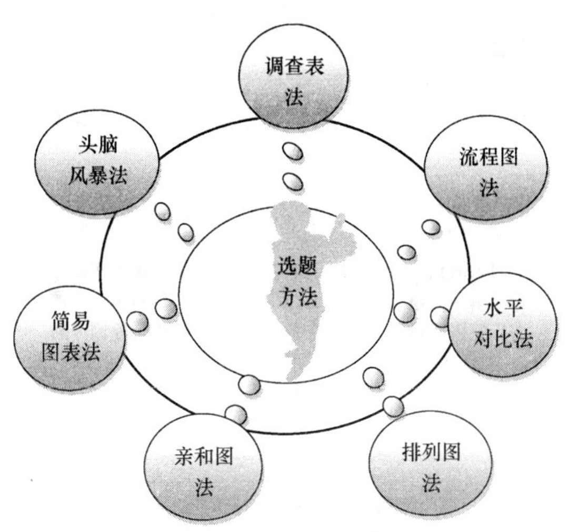

图 7—7 QC 小组选题常用的方法

7.2.5 QC 小组寻求问题原因的方法

QC 小组通过调查，将掌握到的现状与全体组员共享，并组织全体组员开展头脑风暴法，依靠所掌握的数据，选择适当的分析方法，对问题进行分析，找出问题的原因。班组长应了解 QC 小组对问题的原因分析的常用方法，具体方法如图 7—9 所示。

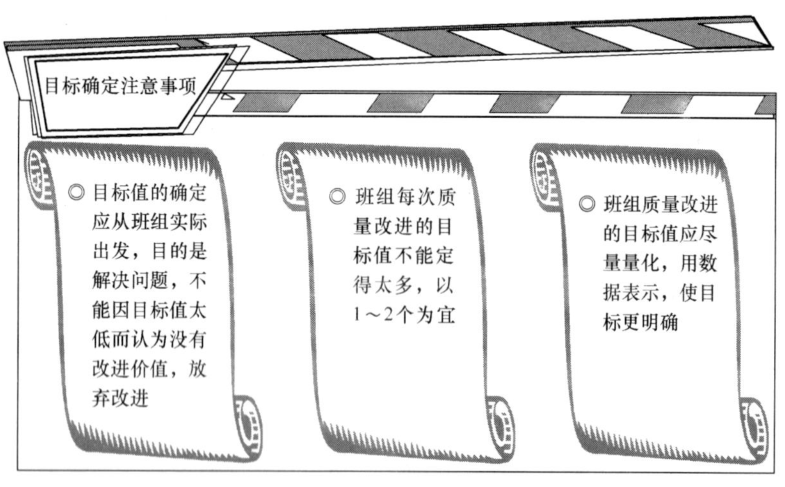

图 7—8　QC 小组目标确定需注意的 3 点事项

图 7—9　QC 小组分析问题原因的常用方法

7.2.6　QC 小组质量改进的实施

质量改进是为了减少生产过程中的浪费，使生产现场资源得到合理的配置和利用，营造整洁有序的生产环境，降低生产安全事故的可能性。QC 小组在质量改进实施过程中主要应做好以下 4 项工作。

1. 指导并监督实施

在 QC 小组中，班组长应负起班组质量改进的指导责任，并控制质量改进实施的过程。班组长应向相关人员说明改进对策或措施的具体内容，必要时对班组人员进行培训。

2. 新问题的处理

改进措施在实施过程中会产生新的问题，致使原先拟定的对策可能无法实施。此时班组长应及时向 QC 小组反映具体情况，QC 小组召开小组会议进行讨论，及时修改改进对策后，再发布给班组进行实施。

3. 检查效果

QC 小组应对改进实施效果进行确认，班组长应全力配合。如果检查发现没有取得预期的效果，需重新考虑对策，必要时再来一次 PDCA 循环。

4. 总结修正

将有效的措施制定为标准、规范，不适用的措施要继续研究，将改进措施遗漏的问题作为下一次改进的目标，使班组质量改进活动保持连续性。

7.2.7 QC 小组成果汇报

QC 小组活动是按 PDCA 循环的科学程序进行的，而成果报告是小组活动的真实写照，是依据活动过程编写的。因此，成果报告的主要内容也应体现 PDCA 循环过程。

1. QC 小组成果汇报的内容

QC 小组成果汇报的内容主要包括 9 个方面，具体如图 7—10 所示。

2. QC 小组成果汇报注意事项

QC 小组成果汇报需注意以下事项，具体如图 7—11 所示。

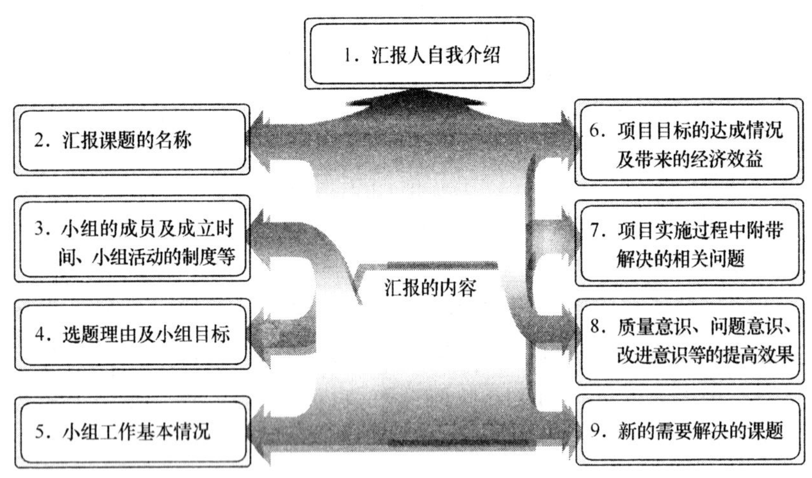

图 7—10　QC 小组成果汇报的主要内容

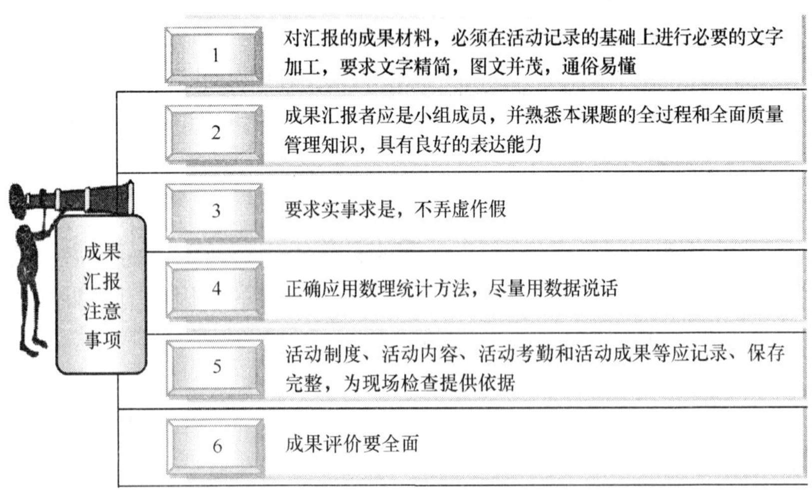

图 7—11　QC 小组成果汇报注意事项

7.3 质量改进实务

7.3.1 质量改进管理流程

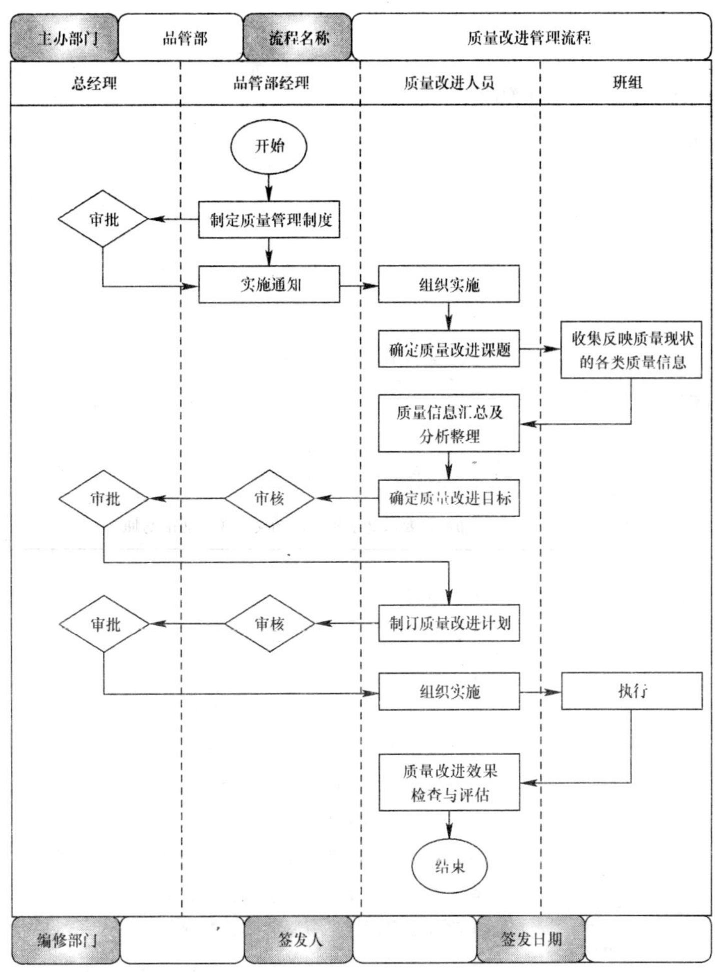

7.3.2 质量改进提案制度

<table>
<tr><td rowspan="2">制度名称</td><td rowspan="2">质量改进提案制度</td><td>编　　号</td><td></td></tr>
<tr><td>执行部门</td><td></td></tr>
</table>

第1章　总　　则

第1条　目的

为激发员工的潜能，使其积极提供有利于公司质量改进的意见和建议，提高公司质量管理水平，特制定本制度。

第2条　适用范围

本制度适用于本公司员工对公司经营管理、技术工艺、质量改进等各方面的改进建议。

第3条　提案管理委员会

本公司成立改进提案管理委员会，委员会设主任委员一名，下设审查小组、推行小组、改进小组。审查小组由3名审查委员组成，推行小组由6名推行委员组成，改进小组由若干名改进委员组成。委员的具体职责见下表。

提案管理委员会委员职责表

职位	担任者	职责
主任委员	公司最高管理者	◆改进提案推行制度的核准 ◆改进提案实施经费的核准 ◆改进提案评审、奖励的核准
审查委员	各部门经理	◆改进提案的复审、评分及等级审议 ◆改进提案制度的修订、研讨 ◆提案实施成果的检查、确认
推行委员	各部门经理指定人员	◆本部门改进提案活动的宣传、启动 ◆与本部门相关的提案的审核、评分 ◆经采用提案的实施策划与督导 ◆改进提案成果调查、编写报告
改进委员	品管部、技术部、生产部人员	◆公司改进提案活动的宣传 ◆改进提案的相关教育培训 ◆改进提案的受理、登记、初评、送审 ◆改进提案评比的资料收集、初评 ◆改进提案实施情况的追踪、查核、协助、报告 ◆其他日常事务工作

续表

<table>
<tr><td rowspan="2">制度名称</td><td rowspan="2">质量改进提案制度</td><td>编　　号</td><td></td></tr>
<tr><td>执行部门</td><td></td></tr>
<tr><td colspan="4">

第2章　提案界定及分类

第4条　提案范畴

本公司员工提出的建议，凡属下列内容之一的，均属于改进提案。

1. 管理方法、制度的改进。

2. 制造技术、操作方法、作业流程的改进。

3. 产品质量的改进。

4. 设备设计更新，功能的改进，操作的改进。

5. 产品设计的改进，包装或外观的改进。

6. 原材料的节省，废料的利用及其他使成本降低的改进。

7. 工业安全、整理整顿、设备保养等方面的改进。

8. 其他有利于公司的建议。

第5条　提案种类

根据提案的性质，可分为技术类提案与管理类提案。

1. 管理类提案

(1) 管理方法、制度的新创意。

(2) 原有制度的完善。

(3) 质量管理的建议。

(4) 成本降低的改进方案。

(5) 其他涉及管理方法、制度的改进。

2. 技术类提案

(1) 产品开发、设计的新创意。

(2) 产品的技术更新。

(3) 生产工艺流程改进。

(4) 机器设备技术改进。

(5) 其他涉及专业技术问题的改进。

第3章　提案的提出与受理

第6条　提案的提出

1. 提案人针对公司存在的不足进行现状分析，确定提案内容。

2. 提案人填写“提案书”，并及时上交给提案推行委员会。

3. 提案书的格式见下表。

</td></tr>
</table>

续表

<table>
<tr><td rowspan="2">制度名称</td><td rowspan="2">质量改进提案制度</td><td>编　号</td><td></td></tr>
<tr><td>执行部门</td><td></td></tr>
</table>

提案书

提案类别		提案时间	
提案者所属单位		提案者	
提案名称			
现行方法			
改进方案			
预期效果			

4. 提案书填写要求

(1) 应详细描述现行方法的现状，必要时配以图表、样品或文字说明。

(2) 改进方案应具体、可行，必要时配以图表、样品或文字说明。

(3) 预期效果应尽量明确，并可测量和评估。

(4) 如表格空间不够，可另附纸说明现行方法、改进方案、预期效果。

(5) 提案人将书面提案交改进小组或投入公司“改进提案信箱”。

第 7 条　提案受理

改进小组对提交的提案做出受理决定，并进行编号、登记。

第 8 条　不予受理的提案

提案内容属于下列内容之一的，不予受理。

1. 无具体的内容，只提出希望。
2. 众所周知的事实及正在改进的工作。
3. 已被采用过及已有他人先提出的提案。
4. 已经试行一个月才提出的提案（但其效果显著，确有重大贡献的，可以追认）。
5. 业务上被指令改进或已由上级指示他人进行而提出的提案。
6. 非建设性的批评。
7. 攻击团体或个人的提案。
8. 诉苦或要求改善待遇的提案。
9. 与曾被提出或被采用过的提案内容相同的提案。
10. 与国家相关法律法规相抵触的提案。

续表

制度名称	质量改进提案制度	编　号	
		执行部门	

第4章　提 案 审 查

第9条　提案审查标准

提案审查的标准包括创造性、可行性、成本、预期效果、应用范围等。

第10条　提案初审

1. 改进小组视提案需要，每月召开1～2次小组会议，审查核定各部门汇总的提案表，必要时请提案人或有关人员列席说明。

2. 改进小组初审提案，必要时应与提案人联络，了解提案内容。

3. 改进小组根据提案的评审标准对提案做出采用、保留或不采用的决定。

4. 不采用或保留的提案，由改进小组回复提案人。

第11条　提案复审

1. 提案经改进小组初审通过后，转审查小组进行复审。

2. 提案由责任部门负责实施，提案工程大或涉及面广时，应呈主管副总和总经理审查、决策。

第5章　提 案 推 行

第12条　提案实施与追踪

1. 责任部门负责改进提案实施工作。

2. 改进小组应全力支持、配合提案的实施。

3. 提案人应尽力协助提案实施过程的指导、修正和其他工作。

4. 推行委员对提案的实施与追踪负直接责任。

5. 改进小组负有监督检查的责任。

第13条　提案成果检查

各部门应认真执行负责实施的提案，每月填写“提案改进成果报告表”，呈直属主管核定后，转呈提案审查小组，进行3个月的考核，并予评分。

第6章　提 案 奖 励

第14条　提案未采用者的奖励

1. 提出提案但未被采用的，将给予提案者______元的鼓励奖，但提案内容和形式与提案要求严重不符的除外。

2. 凡提案被评审为不采用者，累计3件，给予提案者奖金______元。

续表

<table>
<tr><td rowspan="2">制度名称</td><td rowspan="2" colspan="3">质量改进提案制度</td><td>编　　号</td><td></td></tr>
<tr><td>执行部门</td><td></td></tr>
<tr><td colspan="6">

第 15 条　提案被暂时保留的奖励

1. 提出的提案被确认为暂时保留的，给予提案人____元的奖励。

2. 凡提案被评审为暂时保留的，累计 3 件，给予提案人奖金____元。

第 16 条　提案被采用的奖励

1. 凡提案被评审为采用的，发给提案人奖金____元。

2. 被采用的提案经年度评审，获优秀提案奖者，奖励标准如下。

（1）第一名，奖励____元。

（2）第二名，奖励____元。

（3）第三名，奖励____元。

3. 被采用的提案经年度评审，每年可为公司增加的经济效益逾 5 万元人民币者，可提取 1%作为奖励金。

4. 年度提案总数列前三名者，为优秀提案个人，奖励标准如下。

（1）第一名，奖励____元。

（2）第二名，奖励____元。

（3）第三名，奖励____元。

5. 年度提案评比列为前三名的部门，为优秀提案部门，奖励标准如下。

（1）第一名，奖励____元。

（2）第二名，奖励____元。

（3）第三名，奖励____元。

第 7 章　附　　则

第 17 条　品管部负责本制度的制定、修改、废止。

第 18 条　公司总经理负责本制度制定、修改、废止的核准。

第 19 条　本制度自____年__月__日起实施。

</td></tr>
<tr><td>编制人员</td><td></td><td>审核人员</td><td></td><td>批准人员</td><td></td></tr>
<tr><td>编制日期</td><td></td><td>审核日期</td><td></td><td>批准日期</td><td></td></tr>
</table>

7.3.3　质量改进管理制度

<table>
<tr><td rowspan="2">制度名称</td><td rowspan="2">质量改进管理制度</td><td>编　　号</td><td></td></tr>
<tr><td>执行部门</td><td></td></tr>
</table>

第1章　总　　则

第1条　目的

为了合理分析质量问题的原因，制订并实施改善计划，使现有质量水平在控制的基础上加以提高，达到一个新水平、新高度，特制定本制度。

第2条　适用范围

本制度适用于公司所有质量改进的项目。

第3条　职责划分

1. 品管部负责组织对体系、产品的持续改进及纠正和预防措施的控制，当发现存在和潜在质量问题时发出相应的“质量改进通知单”，并跟踪验证实施效果。

2. 各部门、各车间、各班组负责分管范围内相应的质量改进、纠正和预防措施的控制和实施，并跟踪验证实施效果。

3. 管理者代表负责监督协调改进、纠正和预防措施的实施。

第4条　质量改进的基本原则

1. 原设计、工艺问题造成工艺性差或设计缺陷，常出现批量质量问题，应及时改进的原则。

2. 讲究实效、系统改进的原则。

3. 抓住重点、全力攻关的原则。

4. 水平适宜、防止质量过剩的原则。

5. 不断提高、持续改进的原则。

第2章　质量改进准备工作

第5条　质量改进人力资源准备

为更好地实施质量改进工作，公司需做好相应的人力资源准备工作。具体见下表。

质量改进人力资源准备一览表

人力资源准备	负责内容
质量改进项目推进者	◆ 质量改进的策划 ◆ 输入信息的整理 ◆ 质量改进的人力资源以及其他资源的评估 ◆ 总体质量改进项目的协调 ◆ 组织评估质量改进小组的成果 ◆ 组织优秀质量改进小组参加对外发表会

续表

制度名称	质量改进管理制度	编　号	
		执行部门	

人力资源准备	负责内容
项目协调人	◆ 质量改进小组的团队开发 ◆ 追踪具体项目进程并协调相关资源 ◆ 团队合作精神的建设
质量教育培训人员	◆ 全员质量意识培训 ◆ 质量改进基本方法和工具的培训
质量改进小组组长	◆ 选择质量改进小组组员 ◆ 定义组员角色和责任 ◆ 激发团队精神 ◆ 领导团队活动并做好记录 ◆ 总结活动效果

第 6 条　质量改进信息资源准备

除了准备好相应的人力资源外，公司也应做好信息资源的准备工作。信息资源包括计算机硬件资源和软件资源，具体为：

1. Minitab、Matlab、SPSS 等数据统计分析软件。

2. 将质量改进信息输入归结在一起的计算机界面。

3. 适当的计算机硬件资源。

第 7 条　质量改进思想准备

公司要树立全员质量改进的理念，要在公司的各部门、车间、班组中进行推广和应用。部门、车间领导负责不断强化本部门员工的质量改进意识，通过培训、宣传质量改进计划活动，不断优化公司的质量改进流程。

第 3 章　质量改进的实施过程

第 8 条　收集、汇总质量状况信息

品管部负责质量状况信息的收集、汇总工作，主要包括以下内容：

1. 客户不断提高的质量需求。

2. 新技术、新工艺、新材料、新标准的发展对原有技术提出的改进要求。

3. 国家和上级主管部门发布的有关产品质量的新条令、新法规。

续表

<table>
<tr><td rowspan="2">制度名称</td><td rowspan="2">质量改进管理制度</td><td>编　号</td><td></td></tr>
<tr><td>执行部门</td><td></td></tr>
<tr><td colspan="4">
4. 质量审核、质量成本分析、内部质量反馈、用户质量反馈获得的改进信息。
第 9 条　选择质量改进项目
1. 品管部在选择质量改进项目时需注意的问题
(1) 经常出现的质量问题，或批量质量问题。
(2) 造成故障且成本较高的少数质量问题。
(3) 用户对改进产品的结构和功能的需求。
(4) 用户对发展与改进变型产品、专用产品的意见。
(5) 能否采用新原理、新技术、新结构、新材料、新标准，以突破原设计的质量目标。
2. 质量改进项目的确立程序
(1) 每年年初，各部门根据公司确定的年度质量方针和目标，结合上年度部门的工作情况，填写质量改进活动表并提交品管部登记。质量改进活动表应确立质量改进活动的项目和内容，明确目标、负责人、小组成员和时间进度等。
(2) 在日常工作中产生的质量改进项目可填写质量改进建议表。品管部收集到质量改进建议表后，针对每一项建议发出质量改进建议处理反馈表，并要求相关职能部门按要求和规定的日期回复。职能部门负责在反馈表上写明情况，对可以采纳的建议需写明改进措施并规定完成日期。
(3) 如果一些课题能够在部门内部解决并实施，各部门也可自行成立内部的质量改进小组，同时报送品管部登记。
第 10 条　制订质量改进计划
公司每年年初由品管部牵头组织编制质量改进年度计划，内容包括质量改进项目和项目实施计划。经分管副总批准后纳入公司综合计划并组织实施。质量改进计划编制依据有以下三点：
1. 公司质量方针、目标和产品的发展规划。
2. 市场、用户对质量需求的信息。
3. 质量改进项目的选择等。
第 11 条　组织实施改进措施
1. 在质量改进活动各阶段，实施改进的责任部门必须按计划制定切实可行的改进措施，明确具体的改进活动与要求、活动责任人的安排、资金与人力资源的安排等，组织人力、物力、财力按计划进度实施。
</td></tr>
</table>

续表

<table>
<tr><td rowspan="2">制度名称</td><td rowspan="2">质量改进管理制度</td><td>编　　号</td><td></td></tr>
<tr><td>执行部门</td><td></td></tr>
</table>

2. 若遇到客观条件变化或事先估计不足，不能按计划进度实施时，质量改进实施部门应提出调整报告，报品管部审核，分管副总批准后方可进行计划调整。

3. 质量改进实施过程中的所有活动、进程和结果应完整记录在质量改进活动表中。

第 12 条　质量改进的评价

1. 质量改进项目完成后，由品管部或分管副总组织相关部门对成果进行评价，如达到预期的新水平，则纳入有关技术文件或管理标准。

2. 评价质量改进效果的同时总结经验和教训，寻找遗留问题，作为下次质量改进的课题。

3. 品管部择优推荐好的改进项目参加对外发表会。

4. 公司每年在质量管理评审中对确有成效的项目进行表彰，对项目组成人员进行奖励。

5. 整个评价活动，应确保有完整的记录存档。

第 4 章　附　　则

第 13 条　本制度由品管部制定，其修订、解释权归品管部所有。

第 14 条　本制度经总经理批准后，自颁布之日起实施。

编制人员		审核人员		批准人员	
编制日期		审核日期		批准日期	

第 8 章　质量成本控制

8.1　质量成本管理内容

8.1.1　质量成本的构成

质量成本是指企业为了保证和提高产品质量而支出的一切费用，以及因未达到产品质量标准，不能满足用户和消费者需求而产生的一切损失。质量成本一般包括预防成本、鉴定成本、内部损失成本和外部损失成本。

1. 预防成本

预防成本是指企业为了防止质量水平低于某一所需水平或提高现有质量水平而开展的预防活动和采取的各种预防措施所发生的费用，其具体构成如图 8—1 所示。

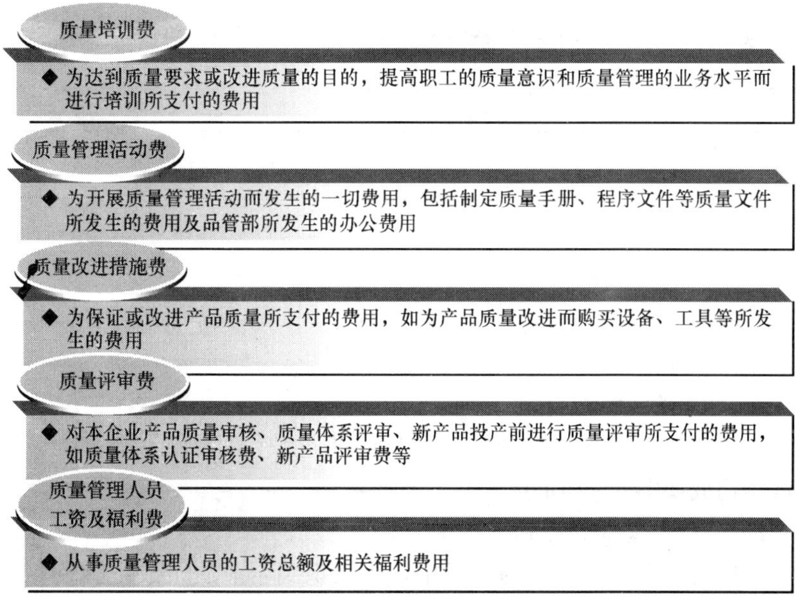

质量培训费

◆ 为达到质量要求或改进质量的目的，提高职工的质量意识和质量管理的业务水平而进行培训所支付的费用

质量管理活动费

◆ 为开展质量管理活动而发生的一切费用，包括制定质量手册、程序文件等质量文件所发生的费用及品管部所发生的办公费用

质量改进措施费

◆ 为保证或改进产品质量所支付的费用，如为产品质量改进而购买设备、工具等所发生的费用

质量评审费

◆ 对本企业产品质量审核、质量体系评审、新产品投产前进行质量评审所支付的费用，如质量体系认证审核费、新产品评审费等

质量管理人员工资及福利费

◆ 从事质量管理人员的工资总额及相关福利费用

图 8—1　预防成本构成图

2. 鉴定成本

鉴定成本是指评定产品是否满足规定质量要求所支付的费用，具体构成如图8—2所示。

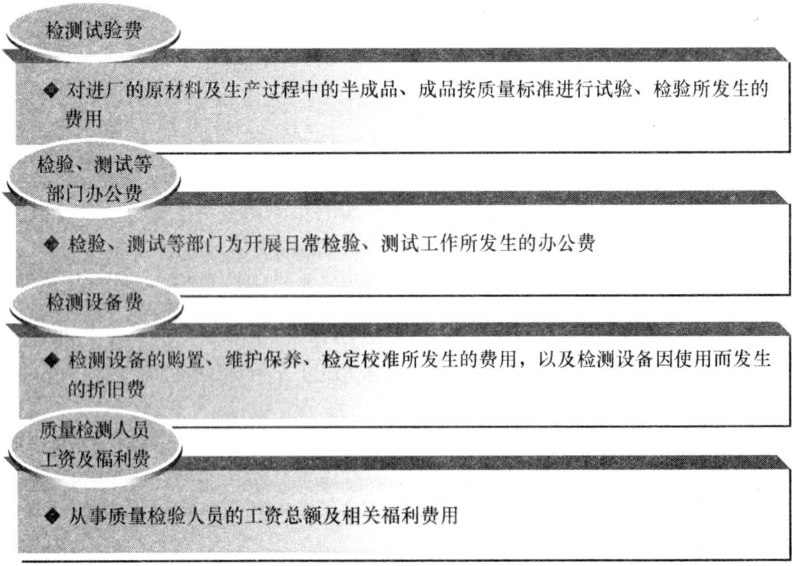

检测试验费

◆ 对进厂的原材料及生产过程中的半成品、成品按质量标准进行试验、检验所发生的费用

检验、测试等部门办公费

◆ 检验、测试等部门为开展日常检验、测试工作所发生的办公费

检测设备费

◆ 检测设备的购置、维护保养、检定校准所发生的费用，以及检测设备因使用而发生的折旧费

质量检测人员工资及福利费

◆ 从事质量检验人员的工资总额及相关福利费用

图8—2 鉴定成本构成图

3. 内部损失成本

内部损失成本是指生产产品过程中因质量问题而发生的损失，具体构成如图8—3所示。

4. 外部损失成本

外部损失成本是指产品出厂后因质量缺陷而引起的费用支出，具体构成如图8—4所示。

8.1.2 质量成本的控制

班组长在日常工作的过程中，应认识到企业质量成本控制工作主要是通过对不良质量成本（简称COPQ）的重点把控，以实现降

废品损失费

◆ 指无法修复或在经济上不值得修复的产成品、半成品、在制品、试制产品等因报废而产生的净损失价值

返工返修费

◆ 指对不合格的产成品、半成品、在制品进行修复并使其合格所耗用的原材料、动力、人工、复检等费用

停工损失费

◆ 由于质量事故、故障停机、待料而造成停机所损失的费用

质量事故处理费

◆ 指对已发生的质量事故或异常问题进行分析处理所发生的各种费用

降级损失

◆ 指产品存在轻微质量缺陷，但其主要性能均达到规定的质量要求而需降级处理所造成的损失费用

图 8—3　内部缺失成本构成表

低企业质量总成本的目的。因此，班组长应详细了解质量成本体系的目的、意义和内容，以及 COPQ 和质量总成本的常见控制手段和方法。

1. 建立质量成本指标体系

企业应首先建立质量成本分析指标体系，量化各质量成本评价指标，便于了解质量成本的控制成效。质量成本分析指标体系的具体内容见表 8—1。

索赔费

◆ 因产品质量缺陷，经用户提出申诉而进行赔偿处理所发生的费用，如索赔赔偿费、诉讼费等

退货损失费

◆ 由于产品质量问题而造成的退换货所造成的损失费，如退回产品净损失、运输费、包装费等

保修费用

◆ 根据保修合同规定或于保修期内对客户提供修理服务所发生的一切费用

折价损失

◆ 因客户接受低于标准的产品而使企业承担的折扣让价费用，包括因产品降级出售而损失的收益

图 8—4　外部损失成本构成表

表 8—1　　**质量成本指标体系**

指标分类	指标计算公式
质量成本的基本指标	◆ 预防成本率、鉴定成本率，内、外部损失成本率共 4 个分项成本率，其计算公式如下：$分项成本率=\frac{分项成本}{质量总成本}\times 100\%$ ◆ $单位产品质量成本=\frac{产品总质量成本}{产品总产量}$ ◆ $质量成本损失率=\frac{内部损失成本+外部损失成本}{质量总成本}\times 100\%$

续表

指标分类	指标计算公式
质量成本的主要指标	◆预防成本减少值=报告期预防成本-基期预防成本 ◆鉴定成本减少值=报告期鉴定成本-基期鉴定成本 ◆内部损失成本减少值=报告期内部损失成本-基期内部损失成本 ◆外部损失成本减少值=报告期外部损失成本-基期外部损失成本 ◆质量损失成本减少值=内部损失成本减少值+外部损失成本减少值 ◆外部质量保证成本减少值=报告期外部质量保证成本-基期外部质量保证成本 ◆质量总成本减少值=报告期质量总成本-基期质量总成本
质量成本的相关指标	◆产值质量成本率$=\frac{总质量成本}{总产值}\times 100\%$ ◆产值质量损失率$=\frac{内部损失成本+外部损失成本}{总产值}\times 100\%$ ◆利润质量成本率$=\frac{总质量成本}{产品销售总利润}\times 100\%$ ◆利润质量损失率$=\frac{内部损失成本+外部损失成本}{产品销售总利润}\times 100\%$

说明："报告期"与"基期"是一对指标，是当期的意思，也就是报表或报告的当年或当月；"基期"是相对于"报告期"而言，是一个基础期、起始期。

2. 制订质量成本计划

品管部在财务部的配合下，分解总经理办公室下达的质量成本管理目标，制定质量成本预算和质量成本指标的目标值，明确达到质量成本管理目标的措施、手段和注意事项等，据此编制质量成本计划并实施，以达到控制质量成本的目的。

3. 明确质量成本责任制

企业可根据财务部设置的质量成本会计三级科目费用的相关责任部门，制定质量成本管理责任制度，明确质量成本管理各环节所发生的质量费用范围和责任主体，并根据具体情况将责任细化到具体部门、班组以及个人，以保证人人参与、人人尽责。

4. 实施质量成本改进措施

企业进行质量成本控制的重点在于对不良质量成本的控制，相关部门应科学、合理地运用质量改进的方法，提高企业产成品、半成品的质量水平和生产合格率，以降低生产中内部和外部的损失成本。

8.1.3 质量成本的预测

质量成本预测是指企业质量成本主管副总根据企业的历史资料、企业质量方针与目标、国内外同行业的质量成本水平、产品技术条件和产品质量要求、用户的特殊要求等确定质量成本预算目标的过程。为便于班组长对生产现场的质量成本进行初步估算和管理，班组长需要了解质量成本预测的对象和方法。

1. 质量成本预测对象

质量成本预测对象一般为预防成本、鉴定成本、内部损失成本和外部损失成本 4 项质量成本的基本项目。

2. 质量成本预测需求资料

为保证质量成本预测的准确性，质量成本预测人员应对企业质量成本管理的历史和质量成本控制预选方案等各种数据和资料进行分析，推断出质量成本的各种可能性。质量成本预测所需的主要资料如图 8—5 所示。

3. 质量成本预测方法

质量成本预测方法主要包括经验判断法、比例测算法和计算分析法。质量成本预测人员应根据具体情况进行选择，质量成本预测方法适用情况如图 8—6 所示。

4. 编制质量成本预测报告

质量成本预测结果是企业进行质量成本相关决策的主要依据。因此，质量成本预测人员应编制质量成本预测报告，分项列出质量

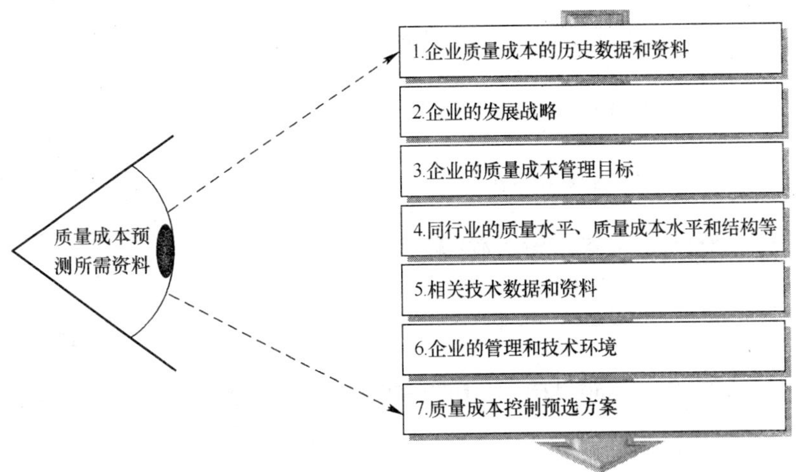

图 8—5 质量成本预测所需资料

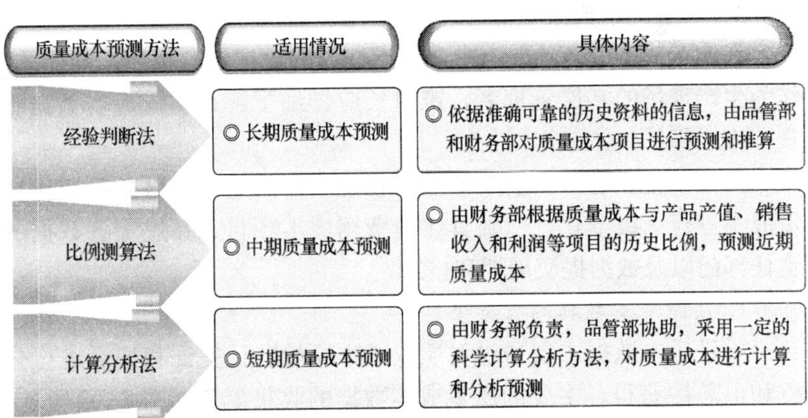

质量成本预测方法	适用情况	具体内容
经验判断法	◎ 长期质量成本预测	◎ 依据准确可靠的历史资料的信息，由品管部和财务部对质量成本项目进行预测和推算
比例测算法	◎ 中期质量成本预测	◎ 由财务部根据质量成本与产品产值、销售收入和利润等项目的历史比例，预测近期质量成本
计算分析法	◎ 短期质量成本预测	◎ 由财务部负责，品管部协助，采用一定的科学计算分析方法，对质量成本进行计算和分析预测

图 8—6 质量成本预测方法适用情况对照图

成本预测的结果和结论。质量成本预测报告的主要内容如图 8—7 所示。

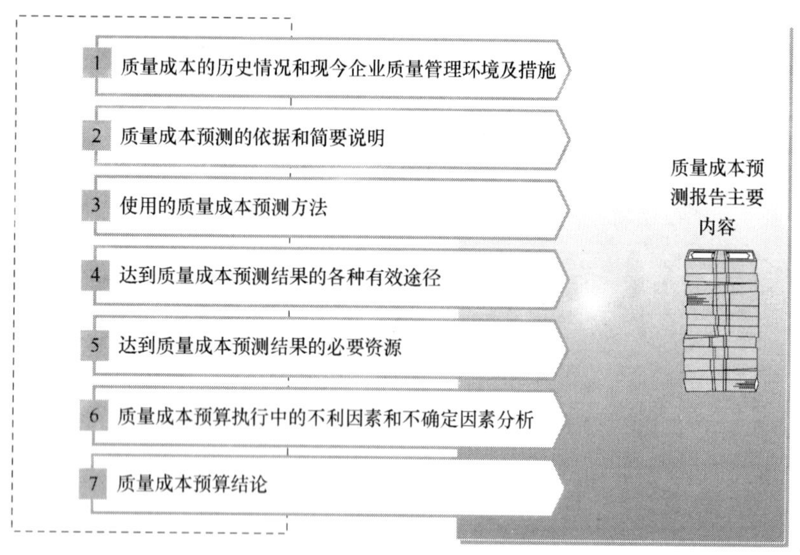

图 8—7 质量成本预测报告的主要内容

8.1.4 质量成本数据收集

在质量成本的各项数据中，生产现场的数据占有相当大的比重。作为生产现场的基层管理者，班组长应详细了解在质量成本数据收集中应承担的具体工作。

为便于企业进行质量成本数据收集工作的进行，财务部应将质量成本进行三级细化，明确具体的费用成本项目，并规定各数据的责任部门以及数据提交周期和格式。

1. 质量成本数据的收集渠道

质量成本数据主要通过对质量成本原始会计凭证和记录进行分析和汇总后获得，主要的质量成本数据的收集渠道如图 8—8 所示。

2. 质量成本数据原始记录的收集

根据企业对质量成本管理的多年经验可知，企业质量成本的管控主体为不良质量成本，主要是指企业因质量缺陷而造成的费用损失，在会计科目中主要是指企业内部损失成本和外部损失成本。

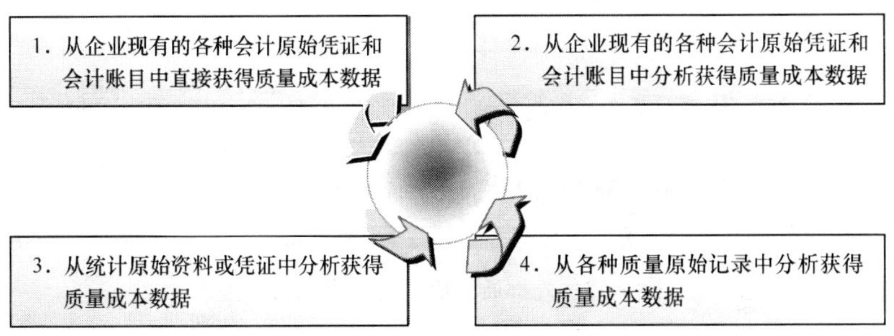

图 8—8　质量成本数据的收集渠道

企业在收集质量成本原始记录时，应着重收集以上两项质量成本信息。

（1）内部质量成本　内部损失成本主要包括报废损失费、返工工时费、材料费、复检费、停工损失费、质量事故处理费等费用。按照业务的实际发生情况，各项费用的统计责任应由业务发生部门负责，具体分工如图 8—9 所示。

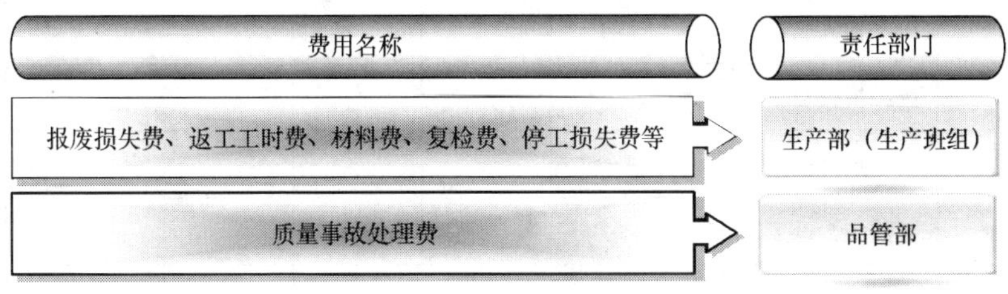

图 8—9　内部质量成本统计责任对照图

（2）外部质量成本　外部损失成本主要包括索赔赔偿费、退货损失费、换货损失费、保修费、折价损失费及诉讼费等费用。按照业务的实际发生情况，各项费用的统计责任应由业务发生部门负责，具体分工如图 8—10 所示。

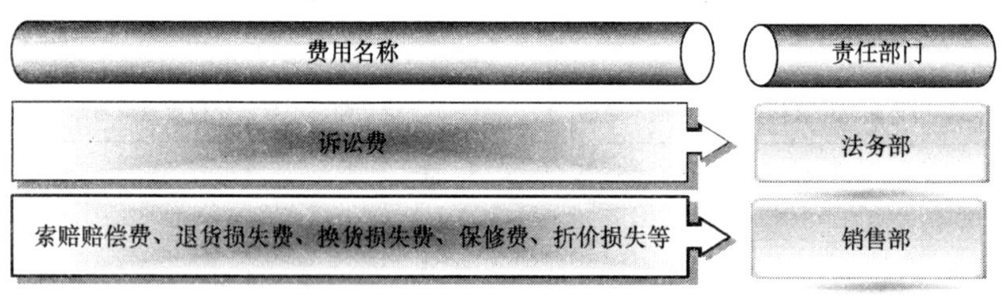

图 8—10　外部质量成本统计责任对照图

各部门及其下属班组在发生质量成本相关费用时，应及时在部门质量成本台账上进行记录并保留原始凭证作为留存依据。相关责任部门每月填制部门质量成本月报表，及时上报财务部进行汇总入账，表 8—2 为某企业生产部门质量成本月报表样表。

表 8—2　　部门质量成本月报表

部门：　　　　编制日期：　　年　月　　　　金额单位：元

序号	科目	计划	本期发生数		与上期差额	
			金额	占比（%）	金额	增幅（%）
	内部损失成本					
1	废品损失费					
2	返工损失费					
	其中，返工工时费					
	材料费					
	复检费					
3	停工损失费					
合　计						

编制：　　　　审核：　　　　核准：

上表中，科目可根据实际质量成本核算科目和各部门负责的具体费用项目进行设置。

8.1.5　质量成本的核算

班组长在生产现场的实际管理过程中，应了解质量成本的核算内容，以便了解质量成本的控制重点，并根据实际经验提出相应的质量成本改进建议。

质量成本的核算采用非独立核算形式，并将质量成本核算纳入企业会计核算体系。质量成本核算体系的设置与应用有利于与责任成本体系相结合，考核质量成本的管理控制情况，以便保证质量成本核算工作高效运行。

财务部单独设置“质量成本”一级科目，在一级科目下设置“预防成本”“鉴定成本”“内部损失成本”“外部损失成本”4个二级科目，在二级科目下设置若干明细科目来组织质量成本核算的形式。生产班组成员对这一成本核算体系应做到了然于胸，以便从日常工作的点点滴滴控制质量成本的形成。质量成本核算的具体会计科目见表8—3。

表8—3　　质量成本核算科目表

一级科目	二级科目	三级科目	费用明细
质量成本	预防成本	质量培训费	主要包括授课费，培训教材费，文具、资料费等
		质量管理活动费	主要包括品管部办公费、质量管理资料费、质量审核费、质量奖励费、质量管理咨询费
		质量改进措施费	主要包括产品质量改进费及设备、工具购置费
		质量评审费	主要包括质量体系认证审核费、产品质量审核费、新产品研发费
		工资及福利费	主要包括质量管理人员的工资和福利费

续表

一级科目	二级科目	三级科目	费用明细
质量成本	鉴定成本	检测试验费	主要包括工序检验费及材料、半成品、成品的检验费
		质量检测科办公费	主要包括质量检测科办公费用
		工资和福利费	主要包括质量检测人员的工资和福利费
		检测设备费	主要包括检测设备购置费，检测设备的检定、校准费，检测设备折旧费
	内部损失成本	废品损失费	主要为报废损失费
		返工损失费	主要包括返工工时费、材料费、复检费等
		停工损失费	主要为停工损失费
		质量事故处理费	主要为质量事故处理费
	外部损失成本	索赔费	主要包括索赔赔偿费和诉讼费
		退换货损失费	主要包括退货和换货损失费、保修费用、折价损失等

8.1.6 质量成本数据分析

在生产现场的质量成本管理工作中，班组长应详细了解质量成本分析的内容和方法，以便对生产现场质量成本管理的薄弱环节进行初步判定，及早发现问题并解决问题，从而将生产现场的质量成本及各种浪费降至最低水平。

1. 质量成本分析步骤

质量成本分析的步骤包括质量成本数据的收集、核算、分析等，以便使质量成本控制工作在有据可依的同时，更兼具科学性。质量成本分析步骤如图 8—11 所示。

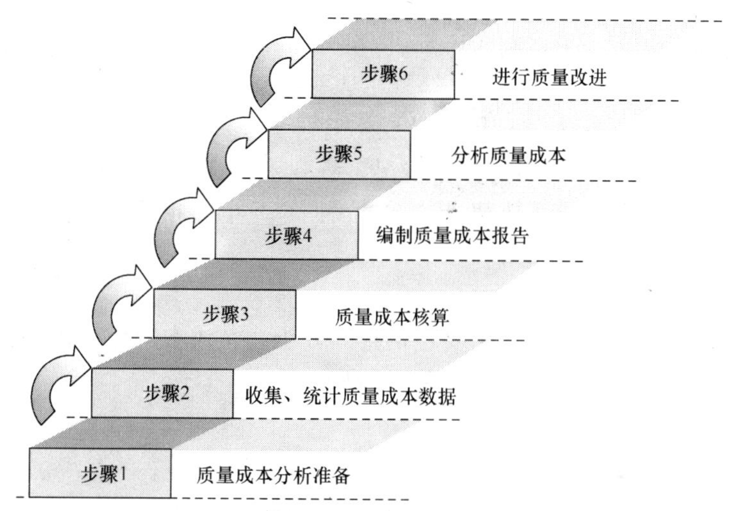

图 8—11　质量成本分析步骤

2. 质量成本分析内容

质量成本分析内容主要包括质量成本总额分析、结构分析、不良成本分析等，具体内容如下：

（1）质量成本总额分析　财务部按时核算本期的质量成本总额，并将数据与上期质量成本总额和计划目标值进行比较，判断质量成本的变化趋势，找出变化原因与变化规律，以便为质量成本的相关决策提供依据。质量成本总额计算公式如下：

本期的质量成本总额＝预防成本＋鉴定成本＋内部损失成本＋外部损失成本

（2）质量成本结构分析　质量成本分析人员通过计算预防成本、鉴定成本、内部损失成本、外部损失成本分别占总质量成本的比率，计算质量成本中各项费用比率的合理范围，并分析运行质量成本的项目构成是否合理。

（3）质量成本与企业经济指标的比较分析　质量成本管理人员

通过比较质量成本指标体系中各项指标值和目标值的差距，分析和评价质量管理水平，判断质量成本工作的薄弱环节，为质量的改进指明方向。

（4）不良成本分析　质量成本管理人员通过分析不良成本发生的原因以及各费用的分布情况，查找产品质量缺陷和管理工作中的薄弱环节，可从班组、产品种类、外部损失等角度进行分析。

3. 质量成本分析方法

质量成本分析方法主要包括指标分析法、成本趋势分析法、排列图分析法，具体内容如图 8—12 所示。

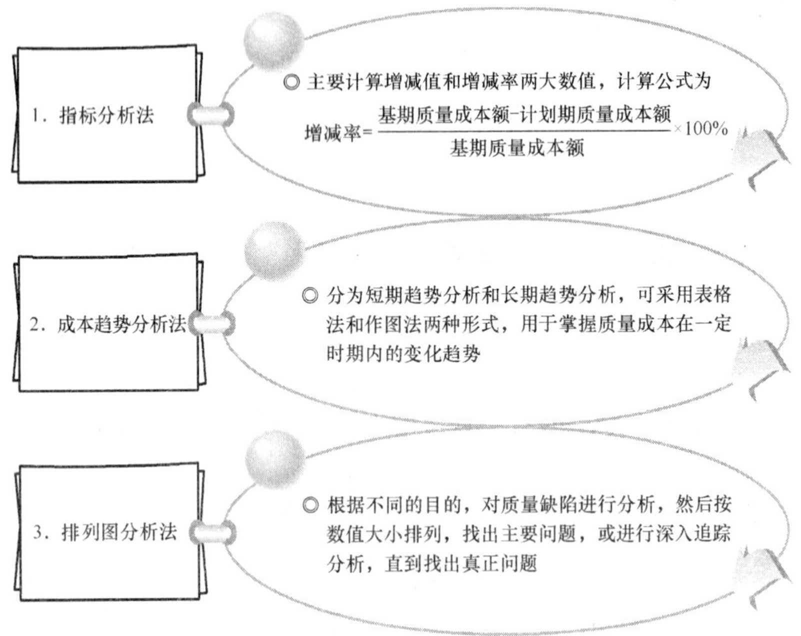

图 8—12　质量成本分析方法说明

8.2　质量成本管理实务

8.2.1　质量成本管理制度

<table>
<tr><td rowspan="2">制度名称</td><td rowspan="2">质量成本管理制度</td><td>编　　号</td><td></td></tr>
<tr><td>执行部门</td><td></td></tr>
</table>

第1章　总　　则

第1条　目的

为了进一步推行质量成本控制办法，更好地实施质量成本控制管理，以便达到不断降低质量成本，提高企业经济效益的目的，根据有关质量成本管理规定，结合本公司实际情况，特制定本制度。

第2条　适用范围

本制度适用于本公司质量成本管理的相关工作。

第3条　管理原则

质量成本管理实行“统一领导、各负其责、分级管理、全面控制”的原则。

第4条　责任分工

公司的质量成本管理工作在总经理领导下，由总会计师负责组织和指导公司各部门对全公司的质量成本进行预测、计划、核算和分析，并进行考核和控制，具体责任分工情况见下表。

质量成本管理责任体系

<table>
<tr><th colspan="2">管理机构名称</th><th>具体职责</th></tr>
<tr><td rowspan="5">高级管理层</td><td>最高管理者（总经理）</td><td>对质量成本管理全面负责</td></tr>
<tr><td>管理者代表</td><td>协助最高管理者全面做好质量成本管理工作</td></tr>
<tr><td>总工程师</td><td>对质量成本的综合分析和改进工作负责</td></tr>
<tr><td>总会计师</td><td>对质量成本预测、计划、核算、经济分析和质量成本数据的真实性和准确性负责</td></tr>
<tr><td>总经济师</td><td>对质量成本指标的下达、控制、考核及产生的效益负责</td></tr>
</table>

续表

<table>
<tr><td rowspan="2">制度名称</td><td rowspan="2">质量成本管理制度</td><td>编　号</td><td></td></tr>
<tr><td>执行部门</td><td></td></tr>
</table>

管理机构名称	具体职责
品管部	1. 会同财务部和销售、采购、生产计划、设计、工艺与制造等相关部门制定质量成本管理制度，确定质量成本的核算项目 2. 组织落实、监督、考核质量成本计划，并对计划外的质量费用实施控制和管理 3. 每月根据要求提供本部门的有关质量成本数据，定期上报给财务部 4. 协调质量成本管理活动，对有争议的质量成本责任做出仲裁 5. 负责质量成本综合分析工作，定期向领导提供质量成本报告 6. 根据质量成本综合分析结果，制定相应的质量成本改进措施和改进计划，送有关责任部门实施
财务部	1. 根据品管部提供的质量成本计划草案，编制质量成本计划 2. 参与制定质量成本管理制度，提出质量成本核算程序 3. 参与确定质量核算项目 4. 组织有关人员收集、核算质量成本数据，并进行汇总统计、核算 5. 编制并提供质量成本数据的收集、核算及经济分析所需的报表 6. 组织质量成本经济分析，定期向领导和品管部提供质量成本经济分析报告和有关资料
其他相关部门	1. 执行本部门质量成本计划，提出改进措施 2. 收集、核算并提供本部门质量成本数据、报表和质量成本分析报告，按期上报 3. 对质量成本管理工作中提出的与本部门有关的问题进行整改，需要时采取纠正措施或预防措施

续表

<table>
<tr><td rowspan="2">制度名称</td><td rowspan="2">质量成本管理制度</td><td>编　　号</td><td></td></tr>
<tr><td>执行部门</td><td></td></tr>
</table>

第 2 章　质量成本基本管理措施

第 5 条　建立质量成本指标体系

质量成本管理人员应按照质量成本构成，设置细化指标，量化质量成本管理效果。

第 6 条　质量成本责任制管理

公司实行目标质量成本管理，将目标质量成本层层分解，并据此制定公司总经理办公室、分公司、部门、车间、班组、各岗位、各工序的“质量成本目标责任书”。

第 7 条　编制质量成本计划

以目标质量成本为方向，以降低质量成本为保证，制订科学的质量成本计划，编制质量成本计划的注意事项，主要包括以下三方面。

1. 质量成本计划的编制工作由总会计师负责组织，以财务部为主，销售、技术、生产、计划、采购、人力资源等部门应给予密切配合并参与制定。

2. 季度质量成本计划应以主要产品的单位质量成本计划和分公司、车间及部门的质量成本计划为重点。

3. 年度和季度的质量成本计划指标草案由总经济师审查后，提交总经理批准，然后下发全公司执行。

4. 质量成本计划应包含降低质量成本的措施和方案，主要包括改进技术、降低消耗、修旧利废、改制利用、提高工效、降低废品、增加销售、改进管理等多方面的措施。

第 3 章　质量成本核算与分析

第 8 条　收集质量成本数据

销售部、品管部、生产部及下属车间应及时记录各项质量成本费用发生情况，每月编制部门“质量成本月报表”，提交财务部进行质量成本分项汇总。

第 9 条　统计、核算质量成本数据

财务部应采用会计核算与统计核算相结合的方法，于每月中旬对上月的质量成本进行核算，具体核算步骤如下：

1. 公司财务部、生产部、品管部和销售部分别建立质量成本核算台账。

续表

<table>
<tr><td rowspan="2">制度名称</td><td rowspan="2">质量成本管理制度</td><td>编　号</td><td></td></tr>
<tr><td>执行部门</td><td></td></tr>
<tr><td colspan="4">

2. 财务部负责统计核算在财务部列支的各项质量成本费用。会计人员在日常编制会计凭证时，应按照质量成本核算的要求，将有关质量成本的支出内容和金额单独列出，并记入“质量成本核算台账”。

3. 生产部和品管部负责统计核算减产损失、降级损失等不在财务账上直接反映的各项质量成本费用，并记入“质量成本核算台账”。

4. 销售部根据外部反馈信息和凭证统计外部损失成本，并记入“质量成本核算台账”。

5. 各部门根据台账信息、原始记录和凭证，按月编制质量成本报表，提交财务部。

6. 财务部及时统计质量成本各项数据，并按照公司会计核算周期，按照月度、季度、年度编制公司质量成本报表。

第 10 条　编制质量成本分析报告

品管部与财务部共同进行质量成本分析，编制质量成本分析报告，分析质量成本变化趋势和不良成本发生的原因，并提出改进措施和改进要求。

第 4 章　质量成本考核与改进

第 11 条　编制质量成本报告

财务部协助品管部每年度对公司的质量成本管理工作进行考核，考察质量成本指标体系各项达标情况，并编制质量成本报告，主要包括以下 6 项内容：

1. 质量成本损失的构成及趋势分析。

2. 质量成本与有关经济指标的比例关系。

3. 对与历史相类似的典型案例进行分析。

4. 分析报告期内影响质量成本的关键环节和主要因素。

5. 对质量体系和质量管理的有效性做出评价，提出改进意见和建议。

6. 对考核结果严重不达标的部门及班组提出处理建议。

第 12 条　明确质量成本改进目标

公司应根据本年度的质量成本管理情况，制定下一年度的质量成本改进目标，并规定预防成本、鉴定成本、内部损失成本、外部损失成本在总质量成本的占比目标值，以及总质量成本在企业生产经营成本的占比目标值。

</td></tr>
</table>

续表

<table>
<tr><td>制度名称</td><td colspan="3">质量成本管理制度</td><td>编　　号</td><td></td></tr>
<tr><td></td><td colspan="3"></td><td>执行部门</td><td></td></tr>
<tr><td colspan="6">第 13 条　采取质量改进措施
品管部应根据质量成本分析报告提供的情况，明确质量成本改进项目和改进措施，制定质量成本改进方案并组织实施。同时，品管部应对质量成本改进工作进行跟踪和管理，确保其有效性。
第 5 章　附　　则
第 14 条　本制度由总经理办公室负责制定和解释。
第 15 条　本制度自颁布之日起实施。</td></tr>
<tr><td>编制人员</td><td></td><td>审核人员</td><td></td><td>批准人员</td><td></td></tr>
<tr><td>编制日期</td><td></td><td>审核日期</td><td></td><td>批准日期</td><td></td></tr>
</table>

8.2.2　质量成本核算办法

<table>
<tr><td>制度名称</td><td>质量成本核算办法</td><td>编　　号</td><td></td></tr>
<tr><td></td><td></td><td>执行部门</td><td></td></tr>
<tr><td colspan="4">第 1 条　目的
为规范本公司质量成本核算工作，确保质量成本数据的准确性，提高质量成本核算工作的效率，特制定本办法。
第 2 条　适用范围
本办法适用于本公司质量成本的核算工作。
第 3 条　职责分工
质量成本工作相关部门和人员的具体责任分工如下：
1. 总会计师负责指导和监督质量成本核算工作，并及时审核财务部提交的质量成本报表。
2. 财务部负责及时汇总统计公司核算周期内发生的所有质量成本费用的相关资料和数据，并按时完成质量成本的核算工作。</td></tr>
</table>

续表

制度名称	质量成本核算办法	编　　号	
		执行部门	

3. 其他相关部门和班组按月提交本部门质量成本月报表。

第 4 条　质量成本科目设置

质量成本科目设置是质量成本核算的前提，本公司根据实际发生业务情况进行设计，将质量成本设置为 3 个级别科目，如下图所示。

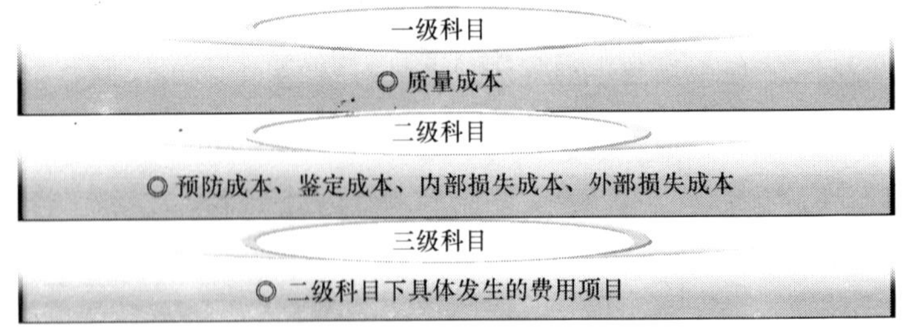

质量成本会计科目图

第 5 条　质量成本核算周期和执行时间

财务部应采用公司的一般会计核算的周期和方法，按月度、季度、年度周期制订核算计划，并于每个周期结束后的次月 10 日正式执行。

第 6 条　质量成本信息数据管理

各相关部门应根据质量成本核算的内容和执行要求，加强基础信息管理工作，建立原始记录和台账管理制度，明确规定各项业务中质量成本信息的记录与存档工作的操作流程及注意事项。

第 7 条　质量成本数据收集

生产车间、设备部、技术部、品管部、销售部应收集当月本单位实际发生的质量费用，填报质量成本报表，于次月 10 日前报财务部，并自存一份。

第 8 条　编制公司质量成本报表

财务部在汇总各部门质量成本数据后，根据会计科目进行质量成本核算，编制公司当月质量成本报表，并提交给公司总会计师进行审核。公司质量成本月报表见下表。

续表

<table>
<tr><td>制度名称</td><td>质量成本核算办法</td><td>编　号</td><td></td></tr>
<tr><td></td><td></td><td>执行部门</td><td></td></tr>
</table>

质量成本月报表

编制单位：　　　　填写日期：　　　　金额单位：元

成本项目		本月			本月计划		
		金额	发生率	占比	金额	发生率	占比
预防成本	质量计划工作费						
	质量培训费						
	质量奖励费						
	产品评审费						
	质量改进措施费						
	合计						
鉴定成本	检验测试费						
	工资及附加费						
	办公管理费						
	检测设备折旧费						
	合计						
内部损失成本	停工损失费						
	废品损失费						
	返工返修损失费						
	复检损失费						
	降级损失费						
	质量事故处理费						
	合计						

续表

<table>
<tr><td rowspan="2">制度名称</td><td rowspan="2">质量成本核算办法</td><td>编　号</td><td></td></tr>
<tr><td>执行部门</td><td></td></tr>
</table>

<table>
<tr><td colspan="2" rowspan="2">成本项目</td><td colspan="3">本月</td><td colspan="3">本月计划</td></tr>
<tr><td>金额</td><td>发生率</td><td>占比</td><td>金额</td><td>发生率</td><td>占比</td></tr>
<tr><td rowspan="6">外部损失成本</td><td>索赔赔偿费</td><td></td><td></td><td></td><td></td><td></td><td></td></tr>
<tr><td>诉讼费</td><td></td><td></td><td></td><td></td><td></td><td></td></tr>
<tr><td>退换货损失费</td><td></td><td></td><td></td><td></td><td></td><td></td></tr>
<tr><td>保修费用</td><td></td><td></td><td></td><td></td><td></td><td></td></tr>
<tr><td>折价损失费</td><td></td><td></td><td></td><td></td><td></td><td></td></tr>
<tr><td>合计</td><td></td><td></td><td></td><td></td><td></td><td></td></tr>
<tr><td colspan="2">质量成本合计</td><td></td><td></td><td></td><td></td><td></td><td></td></tr>
<tr><td colspan="2"></td><td>实际</td><td>计划</td><td colspan="2"></td><td>实际</td><td>计划</td></tr>
<tr><td colspan="2">预防成本与产值比</td><td></td><td></td><td colspan="2">内部损失成本与产值比</td><td></td><td></td></tr>
<tr><td colspan="2">鉴定成本与产值比</td><td></td><td></td><td colspan="2">外部损失成本与产值比</td><td></td><td></td></tr>
<tr><td colspan="2">备注/情况说明</td><td colspan="6"></td></tr>
</table>

第 9 条　制定和解释

本制度由总经理办公室负责制定和解释，并自颁布之日起实施。

编制人员		审核人员		批准人员	
编制日期		审核日期		批准日期	

8.2.3 质量成本预算流程

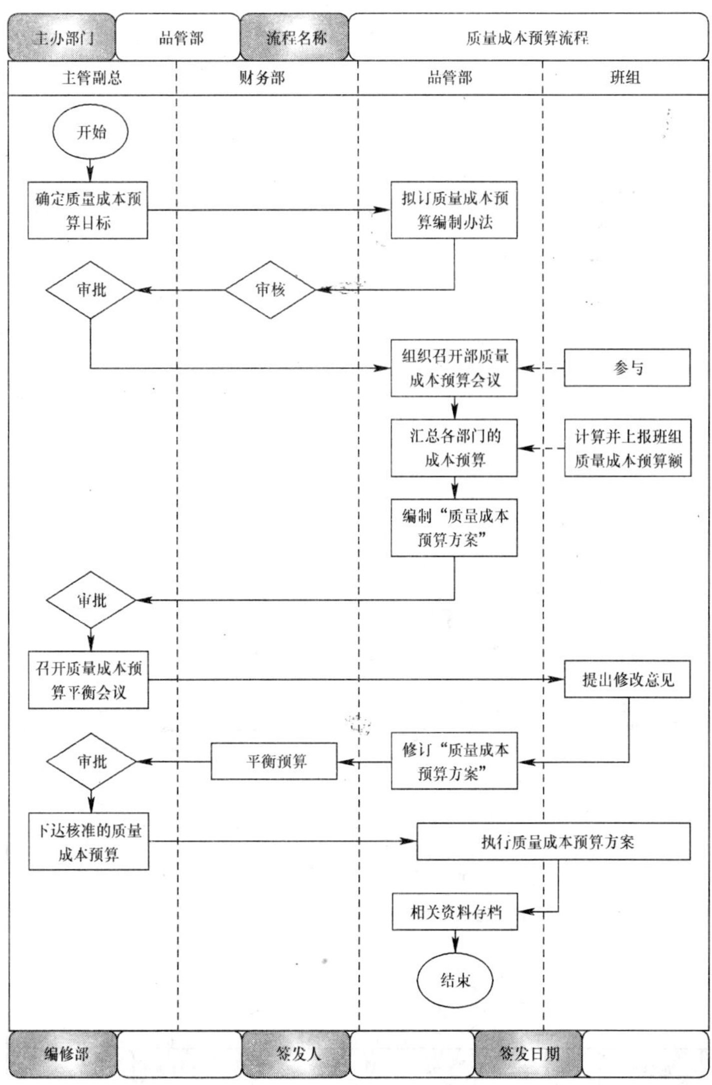

8.2.4 质量成本控制流程

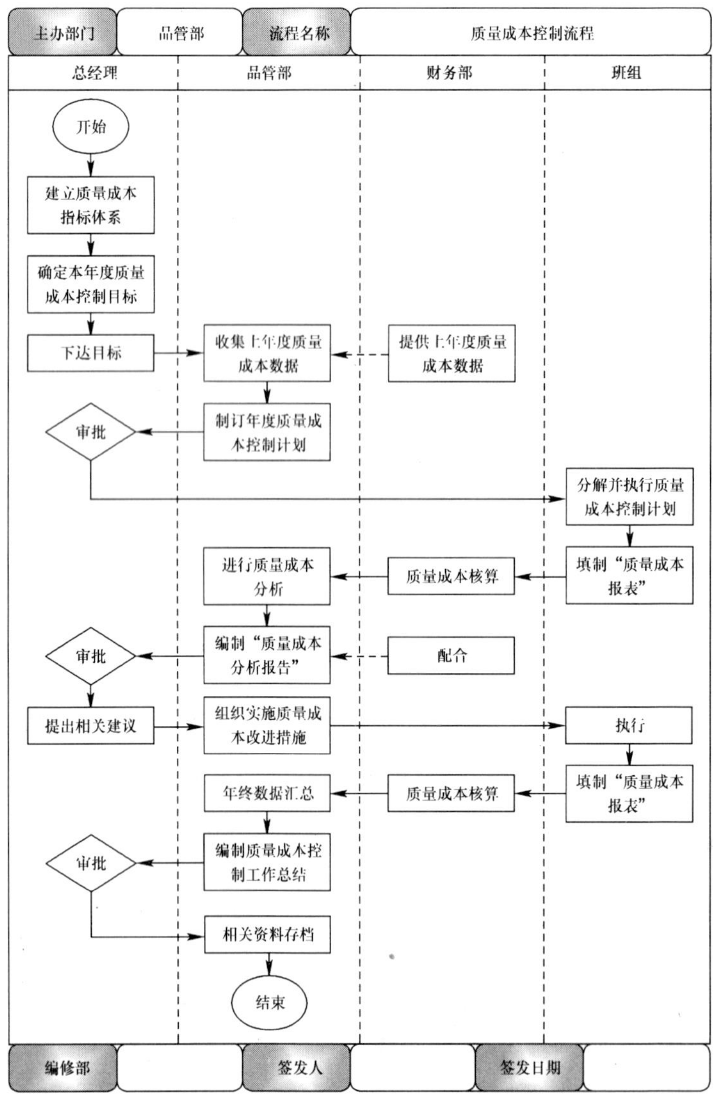

第9章　产品可靠性管理

9.1　产品可靠性管理的内容

9.1.1　产品可靠性的概念

可靠性是指在规定的条件下和规定的时间内对产品（包括零件和元器件、整机设备、系统）规定的持续工作的能力。产品的可靠性是以概率来度量的，它是产品的一种性能。

1. 产品可靠性的要素

产品的可靠性主要包括概率、性能、时间和条件 4 个要素。班组长在对产品可靠性管理时，首先要掌握产品可靠性的 4 个要素的含义，具体含义如图 9—1 所示。

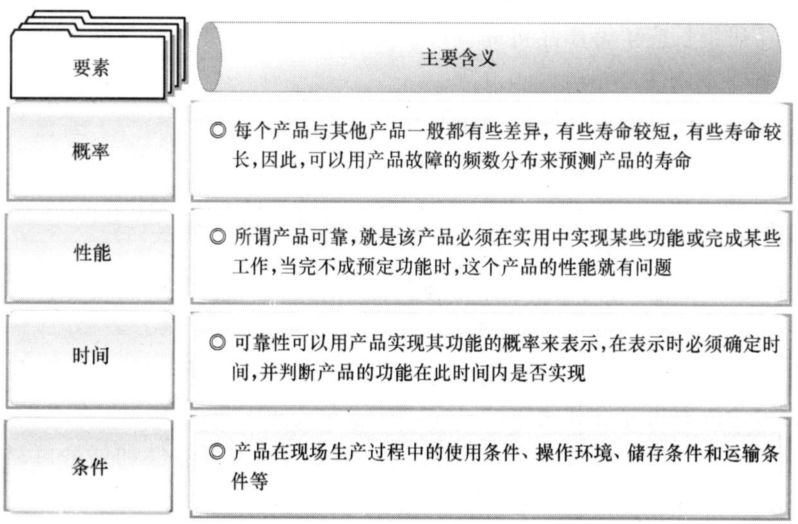

图 9—1　产品可靠性的 4 个要素

2. 理解产品可靠性

班组长在理解产品可靠性的概念时，要注意以下 4 个关键点，如图 9—2 所示。

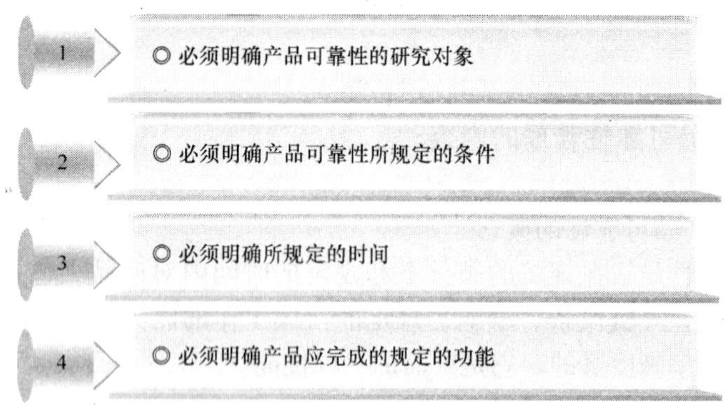

图 9—2　理解产品可靠性的注意事项

3. 产品可靠性应满足的条件

班组长应了解产品可靠性应满足的条件，产品的可靠性应满足以下两个条件之一，具体包括：

（1）产品的可靠性体现在不发生故障。

（2）产品的可靠性体现在发生故障后能方便地、及时地被修复，以保持良好功能状态的能力，即产品应具有良好的维修性。

4. 产品可靠性的分类

班组长想要对产品进行可靠性管理，必须要掌握产品可靠性的分类。

（1）固有可靠性和使用可靠性　根据产品自身特性将产品可靠性分为固有可靠性和使用可靠性，具体含义如图 9—3 所示。

（2）基本可靠性和任务可靠性　产品的基本可靠性和任务可靠性的区别如图 9—4 所示。

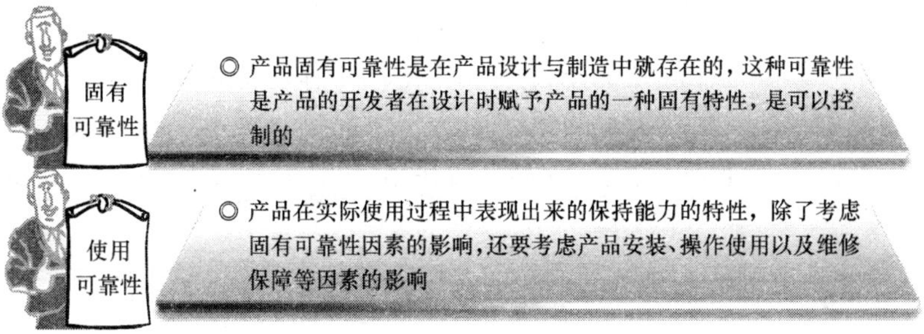

图 9—3 固有可靠性和使用可靠性的含义

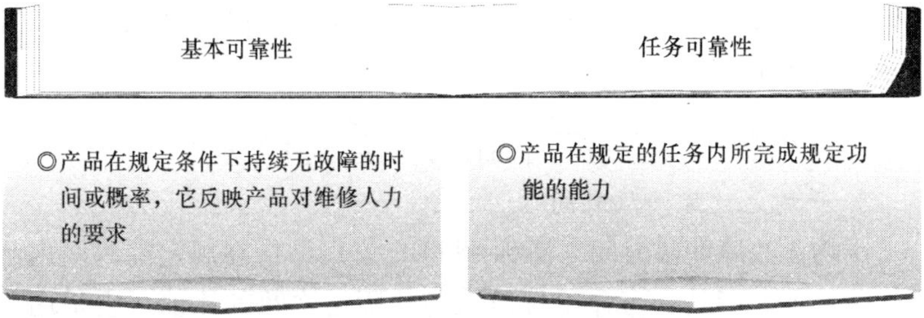

基本可靠性	任务可靠性
◎产品在规定条件下持续无故障的时间或概率，它反映产品对维修人力的要求	◎产品在规定的任务内所完成规定功能的能力

图 9—4 基本可靠性和任务可靠性的区别

9.1.2 产品可靠性指标

衡量产品可靠性的指标有很多，各指标之间有着密切联系，其中最主要的指标有可靠度、不可靠度、故障密度函数和故障率。作为生产一线的负责人，班组长应掌握可靠性管理的指标，以便对产品质量进行有效的可靠性管理。

1. 可靠度与不可靠度

可靠度是指单位产品在规定的条件下和规定的时间内，保持规定工作的能力，主要是对产品的安全性、实用性以及耐久性进行评估。因此产品可靠度是时间的函数，其计算公式如下所示。

$$产品可靠度=\frac{在规定时间内未失效的产品数}{在规定时间内总产品数}\times100\%$$

不可靠度是在规定的条件下和规定的工作时间内，产品丧失规定的能力（即发生故障）的概率即为不可靠度（或称为故障概率），其计算公式如下所示。产品发生故障和不发生故障是两个对立的事件。

$$产品不可靠度=\frac{在规定时间内失效的产品数}{在规定时间内总产品数}\times100\%$$

2. 故障概率

故障率是衡量可靠性的一个重要指标，其含义是产品工作到规定的时间后，在单位时间内发生故障的产品数与在正常工作的产品数的比值，也可称为失效率函数、故障率函数、风险函数，其计算公式如下所示。

$$故障概率=\frac{1}{在规定工作时间内的故障产品数}\times100\%$$

3. 平均无故障间隔时间

平均无故障间隔时间（简称 MTBF 值）是指在规定的时间内和工作条件下，产品的寿命单位总数与故障总次数的比值。它是用来确定一批产品在投入使用后，全部出现故障以后所计算的发生事故的平均时间。其计算公式如下所示。

$$平均无故障间隔时间（MTBF）=\frac{t_1+t_2+\cdots+t_n}{n}$$

其中，n 表示故障总次数。t_1 表示第 1 个产品的故障时间，t_2 表示第 2 个产品的故障时间，t_n 表示第 n 个产品的故障时间。

9.1.3 产品可靠性分析

1. 产品可靠性分析的内容

在对产品进行可靠性分析时，班组长应了解产品可靠性分析的内容，即产品故障。故障是产品或产品的一部分不能或将不能完成预定功能的事件或状态，其表现形式为故障模式，故障模式造成对安全性、产品功能的影响即为故障影响。

（1）故障模式　故障模式是故障影响及危害性分析的基础，同时也是进行其他故障分析（如故障树分析、事件树分析）的基础之一。一个产品可能具有多种功能，每一种功能又可能具有多种故障模式，因此，在对产品进行故障分析时，要找出产品每一种功能的全部可能的故障模式。对于一般具有多重任务的复杂产品，要说明产品的故障模式是在哪一个任务剖面的哪一个任务阶段的哪种工作模式下发生的。

（2）故障影响　故障影响是指产品的每一个故障模式对产品自身或其他产品的使用、功能和状态的影响。一般可分为局部影响、高一层次影响及最终影响 3 个等级，3 个层次的具体区别如图 9—5 所示。

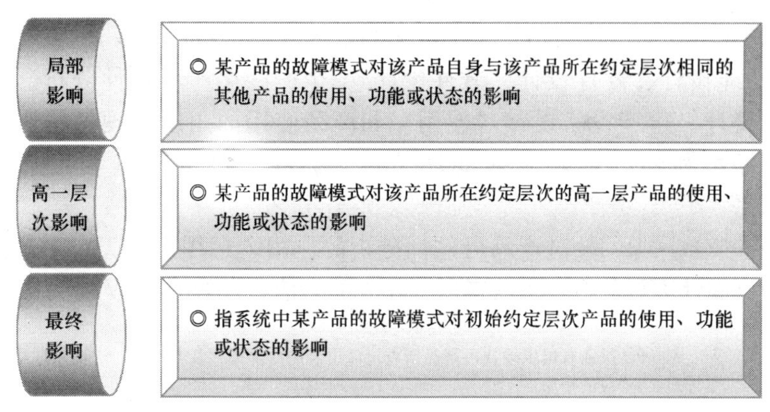

图 9—5　故障影响的等级划分

2. 产品可靠性分析的方法

班组长应掌握产品可靠性分析的方法即故障模式、影响及危害分析的方法，以便对产品进行准确的可靠性分析。

（1）FMECA 的含义　故障模式、影响及危害性分析（FMECA）是针对产品所有可能发生的故障，并根据对故障模式的分析，确定每种故障模式对产品工作的影响，找出单点故障，并按故障模式的严重程度及其发生的概率确定其危害性。

FMECA 包括故障模式和影响分析（FMEA）及危害性分析（CA），两者的区别如图 9—6 所示。

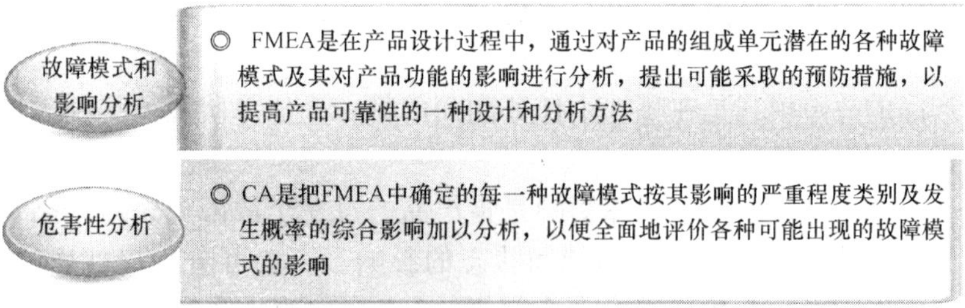

故障模式和影响分析	◎ FMEA是在产品设计过程中，通过对产品的组成单元潜在的各种故障模式及其对产品功能的影响进行分析，提出可能采取的预防措施，以提高产品可靠性的一种设计和分析方法
危害性分析	◎ CA是把FMEA中确定的每一种故障模式按其影响的严重程度类别及发生概率的综合影响加以分析，以便全面地评价各种可能出现的故障模式的影响

图 9—6　故障模式和影响分析及危害性分析的区别

(2) FMECA 的目的　FMECA 的主要目的是从产品设计（功能设计、硬件设计、软件设计）、生产（生产可行性分析、工艺设计、生产设备设计与使用）和产品使用的角度发现各种影响产品可靠性的缺陷和薄弱环节，以提高产品的质量和可靠性水平。

(3) FMECA 对产品可靠性分析的作用　运用 FMECA 对产品的可靠性进行分析，可获得以下几方面的信息，如图 9—7 所示。

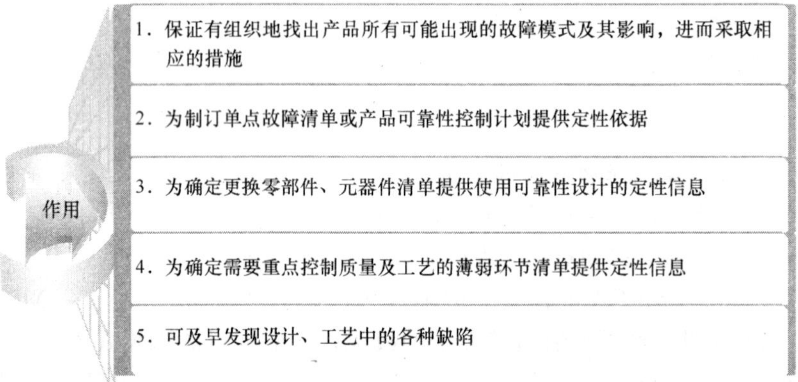

作用

1. 保证有组织地找出产品所有可能出现的故障模式及其影响，进而采取相应的措施
2. 为制订单点故障清单或产品可靠性控制计划提供定性依据
3. 为确定更换零部件、元器件清单提供使用可靠性设计的定性信息
4. 为确定需要重点控制质量及工艺的薄弱环节清单提供定性信息
5. 可及早发现设计、工艺中的各种缺陷

图 9—7　FMECA 对产品可靠性分析的作用

（4）FMECA 与其他分析方法结合　虽然 FMECA 是有效的产品可靠性分析方法，但并非万能的、唯一的，它不能代替其他可靠性分析工作。FMECA 一般是静态的、单一因素的分析方法，在动态方面还很不完善。若对产品实施全面分析，还需与其他分析方法（如故障树分析法、事件树分析法等）相结合。

9.1.4　产品可靠性运用

由于产品的可靠性与产品研制、生产、使用直至报废的寿命周期内各个工作环节都有密切关系，任何环节的工作失误或考虑不周全，都会影响到产品的可靠性。班组长应通过计划、组织、协调、控制产品寿命周期内各个环节的可靠性工作，确保产品达到预定的可靠性指标。

1. 产品可靠性管理的特点

班组长应掌握产品可靠性管理的特点，以便更好地进行产品质量管理。产品可靠性管理具有以下 3 个特点，如图 9—8 所示。

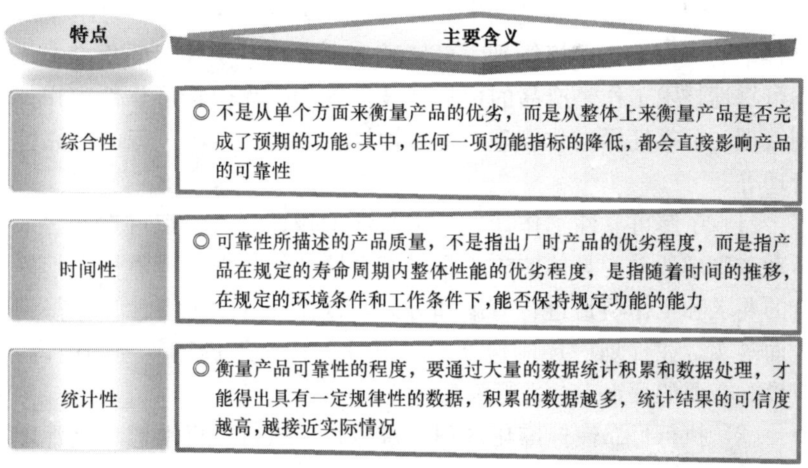

图 9—8　产品可靠性管理的特点

2. 产品可靠性的组织管理

为加强产品可靠性工作的管理，使其具有权威性和相对独立性，班组长应配合企业做好以下两项工作，如图 9—9 所示。

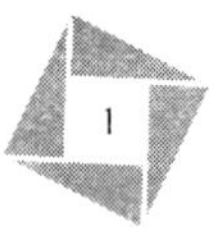

◎设立产品可靠性管理职能机构，并明确职责、权限，可以单独设立机构，也可以归口于品管部，并与品管部一起执行产品质量的否决权

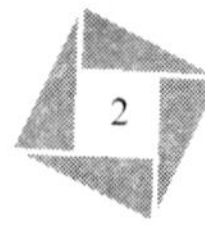

◎设置产品可靠性主管负责人，对产品的可靠性是否满足合同要求负直接责任

图 9—9　产品可靠性组织管理工作内容

班组长只有把产品可靠性工作纳入正常的生产技术管理工作，在进行每一项技术工作的同时，权衡性能与可靠性，才能把高可靠性注入到产品中去，才能最终达到性能、可靠性、进度、经费的最佳综合效果。

3. *产品可靠性技术管理*

在组织产品生产的过程中，班组长应对可靠性技术在班组生产过程中的应用进行严格管理。可靠性技术管理是从管理的角度来描述可靠性技术工作。产品的可靠性技术管理工作包括可靠性工作计划管理、可靠性标准化管理、可靠性设计管理、生产过程的可靠性管理等。

（1）了解可靠性工作计划　可靠性工作计划是组织可靠性技术活动和管理活动的具体实施方案。可靠性计划将根据可靠性大纲确定的要求和工作项目进行分解和分配，以保证各项可靠性工作得到全面落实。在计划中还应包括对可靠性工作计划进行监控的内容，应设立必要的评审点，进行跟踪管理。

（2）执行可靠性标准化管理　班组长在执行可靠性标准化管理工作时，应注意以下几点，如图 9—10 所示。

（3）协助可靠性设计管理　可靠性设计贯穿于产品设计的各个方面和全过程，在实施过程中必须与产品可靠性管理紧密结合。班组长应积极地了解产品可靠性设计的相关工作事项，以便协助产品研发部对产品的可靠性设计进行管理，具体工作内容如图 9—11 所示。

◎根据产品可靠性要求等级，选用国际IEC标准、国家标准、行业标准等作为生产制造依据的标准

◎可靠性标准必须是依据科学，并经过长期生产实践和试验验证的可靠性管理与技术经验的总结

◎贯彻执行可靠性标准是减少可靠性投资，提高产品可靠性起点，缩短可靠性增长周期的重要途径

◎在产品的整个生产过程中，严格按照可靠性标准执行是保证产品可靠性的最佳方法

◎可靠性标准化管理主要从标准的制定（选定）、贯彻执行、监督检查3个环节进行

◎必须组织班组成员认真学习标准，宣传贯彻标准，建立确保按照标准执行的监督检查制度

图 9—10　执行可靠性标准化管理工作的注意事项

◎在确定产品可靠性设计指标后，要对指标的必要性、可行性、科学性、先进性和经济性等进行论证

◎制定可靠性设计方案，并对该方案进行论证

◎设计可靠性评价方法，以便在研制过程中，通过快速评价试验，对各项产品可靠性设计进行评价，为样品的可靠性设计评审提供依据

◎根据评审意见改进可靠性设计，实现产品的可靠性增长

◎不断地改进可靠性设计，直到满足可靠性指标要求，通过最终可靠性设计的评审，达到设计定型

图 9—11　产品可靠性设计工作事项

(4) 生产过程的可靠性管理　生产过程的可靠性管理是保证实现产品可靠性的关键。班组长可通过制定有关的质量控制和可靠性管理措施，最大限度地排除和控制各种不可靠因素，保证实现产品的固有可靠性。具体管控措施如图 9—12 所示。

管理措施	具体做法
原材料管理	◎严格检验上线的材料和零部件，确保所有的原材料和零部件符合相应的规范和质量标准
生产设备、仪表管理	◎制定和执行设备维护保养、定期检验制度，确保所有的生产设备、测量仪表、计量器具等都处于正常的工作状态
文件管理	◎生产管理的各种文件，包括设计文件、工艺文件和质量管理文件等，都必须是现行有效的，做到正确、完整、清晰
人员管理	◎对班组生产的所有操作人员和检验人员都要定期进行专业技术、质量和可靠性知识的培训教育
生产环境管理	◎生产环境应符合技术文件规定的作业环境（温度、湿度等）要求及其他规定要求，并定期检测
质量检验管理	◎严格执行产品质量检验制度

图 9—12　生产过程的可靠性管理措施

9.2　产品可靠性管理实务

9.2.1　产品可靠性管理办法

<table>
<tr><td rowspan="2">制度名称</td><td rowspan="2">产品可靠性管理办法</td><td>编　　号</td><td></td></tr>
<tr><td>执行部门</td><td></td></tr>
<tr><td colspan="4">第 1 条　目的
为规范产品的可靠性管理，通过对产品的可靠性试验发现产品设计、元器件、零部件、原材料和工艺方面的缺陷，以便采取有效的纠正措施，使产品可靠性提高，特制定本管理办法。</td></tr>
</table>

续表

<table>
<tr><td rowspan="2">制度名称</td><td rowspan="2">产品可靠性管理办法</td><td>编　号</td><td></td></tr>
<tr><td>执行部门</td><td></td></tr>
<tr><td colspan="4">第 2 条 适用范围
本办法适用于班组长在新产品开发中的可靠性试验及管理、批量产品周期性可靠性试验及管理。
第 3 条 术语界定
本办法中提到的产品可靠性是指产品在规定的条件下和规定的时间内，完成规定功能的能力。
第 4 条 职责分工
1. 技术部负责制定产品验收技术条件和试验大纲，负责对新产品及设计变更产品试验的交样和技术指导，以及对所有试验中的产品故障进行分析。
2. 品管部负责产品质量的验收，并出具质量报告。
3. 生产部负责提交试验样品，并根据故障分析报告对产品试验中的故障进行改进。
第 5 条 坚决贯彻产品可靠性准则，使可靠性管理理念被班组成员所认知，依据可靠性准则，对班组生产范围内的产品进行可靠性数据的采集、统计。
第 6 条 用可靠性指标对产品的设计，元器件、零部件、原材料及工艺改造等工作进行指导，为班组生产提供产品故障改造各个环节的可靠性数据。
第 7 条 用可靠性指标分析和评价产品的可靠性水平，并为上级提供产品可靠性管理的各类报表、总结。
第 8 条 结合本企业的情况，拟订和实施可靠性目标管理。
第 9 条 建立符合产品特点的可靠性效益评价系统，开展项目产品的事前论证和事后评价，并积极摸索最佳的综合效益可靠性目标，旨在提高产品的可靠性。
第 10 条 班组长应积极了解产品可靠性设计的相关工作事项，协助产品研发部对产品的可靠性设计进行管理。
第 11 条 班组长应了解可靠性分析的内容，即产品故障及产品故障的表现形式或故障模式。
第 12 条 班组长应积极配合技术部和品管部，运用可靠性指标和产品可靠性分析方法组织对产品进行可靠性分析。
第 13 条 找出产品每一种功能的全部可能的故障模式，并判定故障模式对产品自身或其他产品的使用、功能和状态的影响等级。</td></tr>
</table>

续表

<table>
<tr><td rowspan="2">制度名称</td><td rowspan="2">产品可靠性管理办法</td><td>编　号</td><td></td></tr>
<tr><td>执行部门</td><td></td></tr>
<tr><td colspan="4">第 14 条　通过产品故障模式分析、故障原因分析、影响分析、故障检测方法分析，得出分析结论，提出补偿措施及改进意见。
第 15 条　通过改进产品元器件、零部件或工艺技术等来提高产品的可靠性。
第 16 条　本办法由生产部负责解释、修改。
第 17 条　本办法经总经理审批通过后，自____年____月____日开始执行。</td></tr>
</table>

编制人员		审核人员		批准人员	
编制日期		审核日期		批准日期	

9.2.2　产品可靠性分析方案

<table>
<tr><td rowspan="2">方案名称</td><td rowspan="2">利用故障树实施产品可靠性分析方案</td><td>编　号</td><td></td></tr>
<tr><td>执行部门</td><td></td></tr>
<tr><td colspan="4">××罐头食品生产有限公司一直将产品质量作为企业生存发展的生命线，坚持采用先进的管理理念和严格的工艺控制进行自我管理，争取将质量事故发生率降低到最低限度。面对近期食品生产中出现的食品变质的质量问题，公司决定采用故障树分析方法寻求问题产生的原因。
一、故障树分析原理
故障树分析法是通过绘制故障树，分析产品生产中发生质量问题的直接原因，并提出有效预防措施的可靠性系统研究方法。故障树分析法是将产品的质量可靠性作为分析的目标，逐步找出直接导致不可靠的全部因素。故障树的具体绘制流程如下：
1. 熟悉产品质量标准
品管部要详细了解规定的产品质量标准以及各种参数。
2. 收集历史资料
收集历史发生过的案例，进行事故统计，汇总产品质量可能发生的情形。
3. 确定顶上事件
确定产品质量发生的顶上事件，即质量问题分析的主体和目标。</td></tr>
</table>

续表

<table>
<tr><td rowspan="2">方案名称</td><td rowspan="2">利用故障树实施产品可靠性分析方案</td><td>编　号</td><td></td></tr>
<tr><td>执行部门</td><td></td></tr>
<tr><td colspan="4">

4. 确定目标值

根据经验教训和事故案例，经统计分析后，求解质量问题发生的概率，以此作为要控制的事故目标值。

5. 调查事件原因

通过原材料生产厂家提供的质量资料，调查与质量问题有关的各种因素。

6. 绘制故障树

从产品质量的直观表现开始，逐级找出直接原因的事件，直至找出所有问题的影响因素，并按照逻辑关系，绘制故障树。

产品可靠性分析的故障树绘制流程示意图如下图所示。

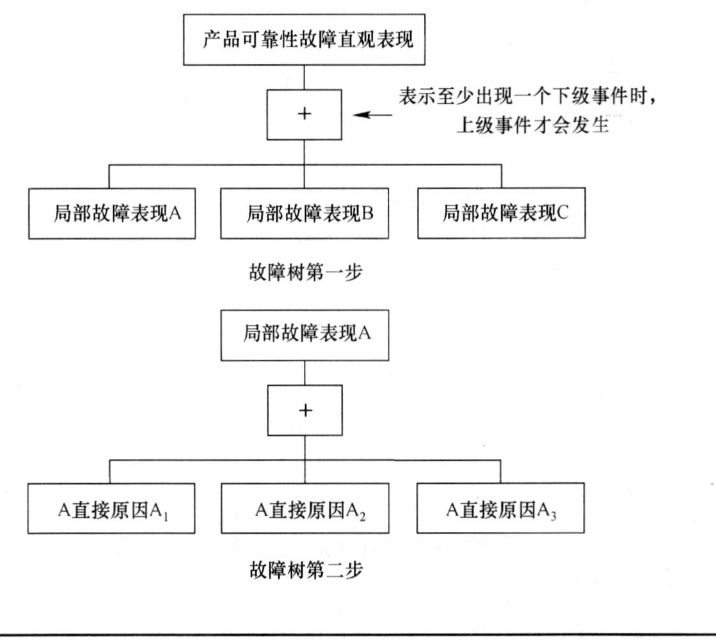

故障树第一步

故障树第二步

</td></tr>
</table>

续表

方案名称	利用故障树实施产品可靠性分析方案	编　　号	
		执行部门	

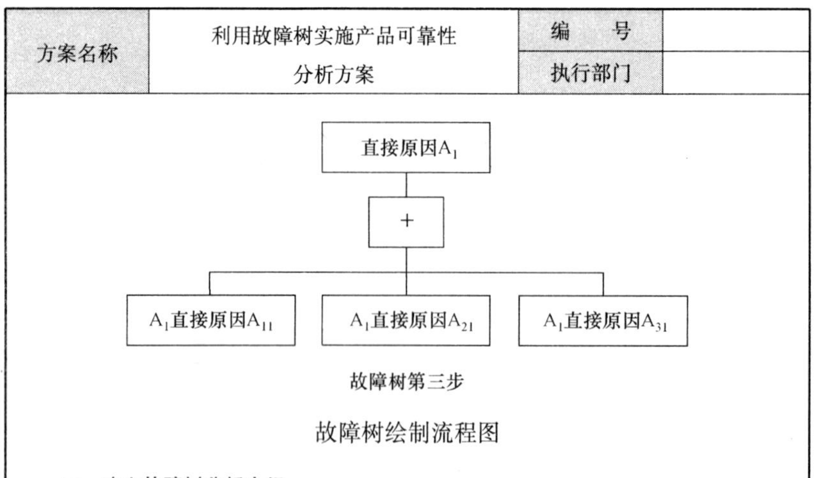

故障树第三步

故障树绘制流程图

二、建立故障树分析小组

产品质量问题的故障树分析小组由公司品管部主管人员负责组建，其中小组人员主要由工艺技术员、生产班组长、质量检验员、仓储员以及售后服务人员构成。

三、事故分析及顶上事件确定

产品质量问题的发生导致公司物料、资金、人力的浪费，同时流入市场的产品也引发了大量客户的投诉与退货，该事件严重影响公司的正常营运和品牌形象，为此，经公司故障树分析小组成员讨论，确定以罐头变质作为本次质量事故的顶上事件。

四、调查产品变味的原因

故障树分析小组进行责任分工，从各个角度进行罐头变质的原因调查，具体调查分工如下：

1. 工艺技术人员绘制、分析罐头生产工艺流程图。
2. 生产班组长负责提供相关批次产品的制程信息。
3. 质量检验人员对质量检验报告进行分析、统计。
4. 仓储人员分析食品储存温度、湿度、光照等条件。
5. 售后服务人员负责将客户反馈的意见汇总、整理。

五、构建故障树

通过初步分析确定导致罐头中出现变质问题的原因包括受潮、温度过高、包装缺陷等，根据分析结果进行故障树的构建，具体说明如下图所示。

续表

方案名称	利用故障树实施产品可靠性分析方案	编　号	
		执行部门	

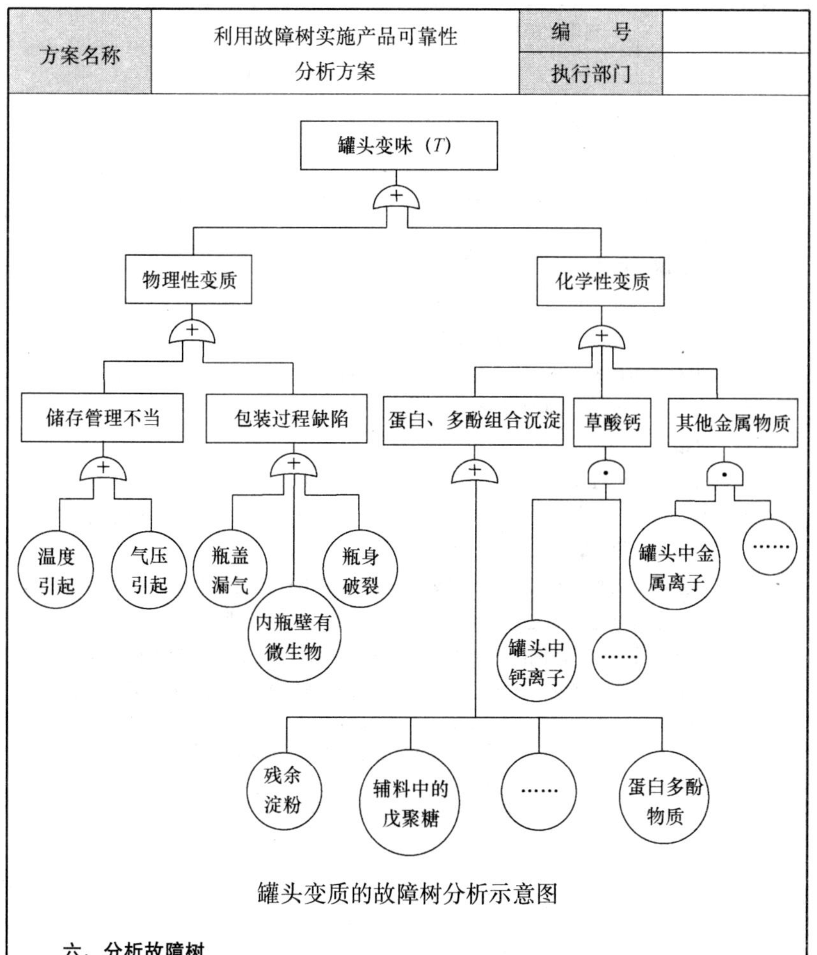

罐头变质的故障树分析示意图

六、分析故障树

通过参考故障树分析的过程及结果，小组对变质的罐头进行收集和检验，判定该罐头变质的主要原因是化学性变质，其中罐头变质的主要原因是蛋白多酚的含量过多，引起罐头沉淀物的增加，导致罐头变质。

通过对罐头变质状态的分析，最终分析小组认为导致罐头变质的原因是在整个罐头生产体系中，由于生产过程中加入的蛋白多酚含量较高，再加上生产后储存管

续表

<table>
<tr><td rowspan="2">方案名称</td><td rowspan="2">利用故障树实施产品可靠性分析方案</td><td>编　号</td><td></td></tr>
<tr><td>执行部门</td><td></td></tr>
<tr><td colspan="4">

理不当，经过一段时间储存后，罐头慢慢完成从量变到质变的积累，最终导致罐头质量问题的产生。

另外，该公司考虑到成本、效率等因素，主要以定性分析的结果为依据着手质量改善工作。

七、拟订解决措施

1. 故障树分析小组成员认为，由于导致罐头变质的主要物质属于复合类型的物质，因此需要解决的是蛋白多酚投入量的问题。

2. 首先对于蛋白多酚进行分析，最终根据分析结果进行生产过程优化，同时结合制程设备的参数设置以最小限度地减少蛋白多酚的投入量。

八、总结

故障树分析小组通过分析质量故障现象以及罐头生产工艺过程，找出了导致故障发生的因素，明确各因素的轻重，从中认定以罐头变质为顶上事件，并向下分析，直至分析到所要达到的深度。

故障树分析小组按逻辑关系绘制故障树。通过采用现代仪器对导致变质的物质成分进行分析，寻找引起变质的主要因素，并制定了相应的解决措施。

该罐头公司首先在小范围内对解决方案进行试用，发现上述措施能有效地减少罐头变质的产生，因此根据方案要求形成新的工艺以指导生产，大大提高了产品的质量。

</td></tr>
</table>

编制人员		审核人员		批准人员	
编制日期		审核日期		批准日期	

第10章 6σ 管理

10.1 6σ 管理概述

10.1.1 6σ 的含义

希腊字母 σ（西格玛）是用来衡量过程变异或标准差的统计单位。6σ 即六西格玛，在 20 世纪 80 年代被摩托罗拉公司初次用来衡量产品的缺陷数（Default Per Million，DPMO），6σ 的含义是指每 100 件产品中只有 3.4 件不合格品，即当企业每百万机会缺陷数为 3.4 时的 6σ 水平。DPMO 与 σ 水平的关系见表 10—1。

表 10—1　　企业 DPMO 与 σ 水平对照表

σ 水平	企业 DPMO（每百万机会缺陷数）	正品率/正确率（%）
1σ	691 462	30.9
2σ	308 537	69.2
3σ	66 807	93.3
4σ	6 210	99.4
5σ	233	99.98
6σ	3.4	99.999 7

10.1.2 6σ 的原理

6σ 管理以质量为主线、以客户需求为中心，利用对事实和数据的分析，在改进提升组织的业务流程能力，提高客户满意程度的同时降低经营成本、缩短生产周期，从而增强企业的竞争力，是一套灵活、综合的管理方法体系。

6σ 管理实施的一般工作模式如图 10—1 所示。

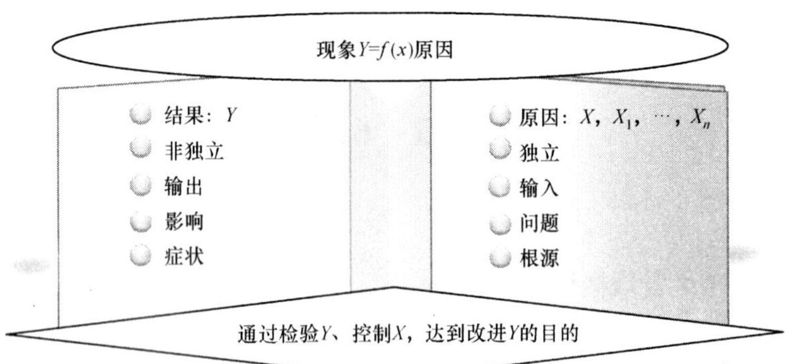

图 10—1　6σ 的实施工作模式示意图

10.1.3　6σ 活动的主题

至今 6σ 管理模式已发展成为众多企业或组织关注客户，并依客户需求确定企业战略目标和产品开发设计的标尺。企业在推动 6σ 时，要想真正获得显著成效，必须把 6σ 当成一种追求持续进步的质量管理哲学，要围绕着 10 大主题开展 6σ 活动。具体如图 10—2 所示。

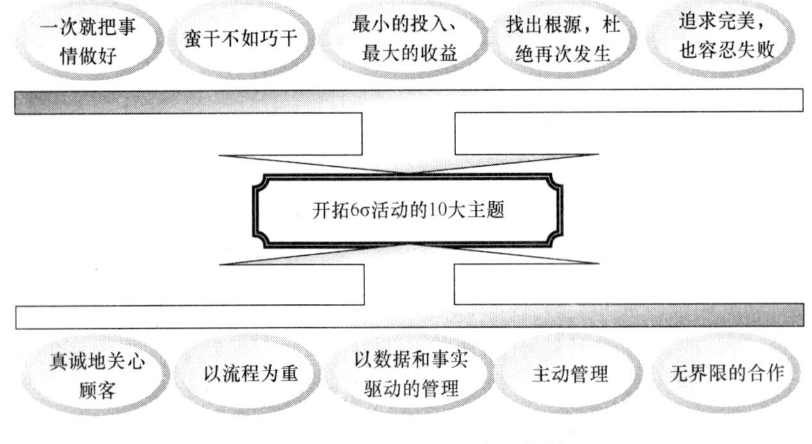

图 10—2　开展 6σ 活动的主题

10.1.4 6σ 管理步骤

6σ 管理是通过有组织、有计划地实施 6σ 项目来实现经济效益的方法。6σ 项目的实施对改进企业管理，获得实际经济效益，促使企业绩效持续改善等具有重大意义。6σ 管理步骤包括 6σ 组织(OFSS)、6σ 设计(DFSS)和 6σ 过程(PFSS)。具体内容如图 10—3 所示。

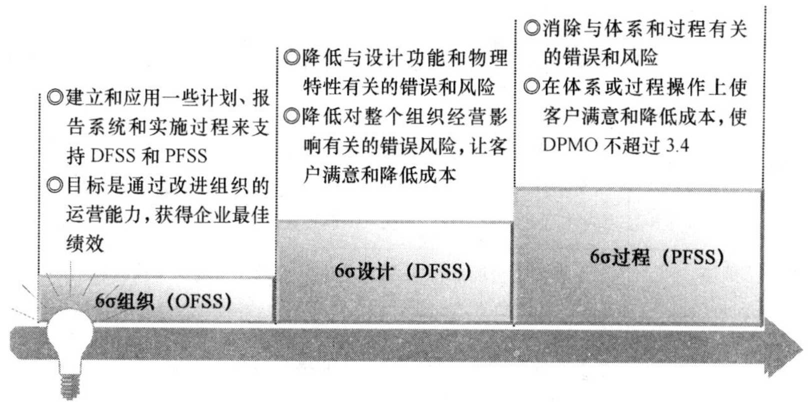

图 10—3 6σ 管理步骤的具体内容

1. 6σ 组织(OFSS)

6σ 管理是通过创建一个组织架构 (OFSS) 来运行和实施的。6σ 组织主要是由受过系统培训的绿带、黑带组成跨职能的团队来管理。绿带一般抽出 5%～10%的时间参与 6σ 管理，而黑带则完全投身于 6σ 管理，负责指导绿带成员，指挥项目团队。

同时，6σ 组织需要最高管理团队、项目保证人和过程所有人的支持、沟通与协调，6σ 组织中各成员的岗位职责与分工见表 10—2。

表 10—2　　6σ 组织岗位职责与分工说明

OFSS 成员	具体职责与分工
最高管理团队 (Executives)	◆树立组织的 6σ 管理愿景，确定 6σ 组织的战略目标和组织业绩的度量系统 ◆确定组织的经营重点 ◆在组织中建立、促进并应用 6σ 原理方法与工具的环境

续表

OFSS 成员	具体职责与分工
倡导者（Champion）	6σ 管理的倡导者是关键角色，由高级管理层人员组成 ◆负责 6σ 管理在组织中的部署，调动企业各项资源 ◆构建 6σ 管理基础，包括 6σ 项目选择与批准、建立报告系统等 ◆向执行领导报告 6σ 管理的进展，负责 6σ 管理实施中的沟通与协调 ◆确保按时、保质完成既定的财务目标，管理领导黑带大师和黑带等
黑带大师（Master Black Belts）	◆与倡导者一起协调 6σ 项目的选择和培训 ◆培训黑带和绿带，理顺人员，组织协调项目、会议、培训工作，收集和整理信息，执行和实现由倡导者提出的“该做什么”的工作
黑带（Black Belt）	◆黑带是全面推行 6σ 管理的中坚力量，负责具体执行和推广 6σ 管理，同时负责培训绿带
绿带（Green Belt）	◆企业内部推行 6σ 管理众多底线收益项目的执行者 ◆侧重 6σ 管理在每日工作中的应用，通常为企业各基层部门的负责人
6σ 项目团队	◆6σ 项目通过团队合作完成，项目团队由项目所涉及的有关职能人员构成，也包括改进过程责任的管理人员和财务人员
项目保证人（Sponsor）	◆6σ 项目所在部门的负责人，在部门内调动资源，负责为 6σ 项目提供必要的资源支持，协调项目实施
过程所有人（Process Owner）	◆6σ 项目所改进或建立过程的负责人，在 6σ 项目导入完成后，负责过程的操作或运行

2. 6σ 设计（DFSS）

6σ 设计（DFSS）是基于并行工程和 DFX 的思想，在企业解决产品的生命周期系统问题时所采用的方法。详细内容将会在 6σ 管理方法中介绍。

3. 6σ 过程（PFSS）

有效的 6σ 实施过程可以分为 5 个阶段，即定义、测量、分析、改进和控制。6σ管理是帮助企业保持持续发展的实施方法，不仅能很好地满足客户需求，事先预防不合格品的产生，还能大大降低不良质量成本，减少大量的浪费，增强企业的核心竞争力。

10.1.5 6σ 管理方法

6σ管理方法体系包括6σ实施与改进方法（DMAIC）和6σ设计方法（Design for Six Sigma，DFSS），具体如图10—4所示。

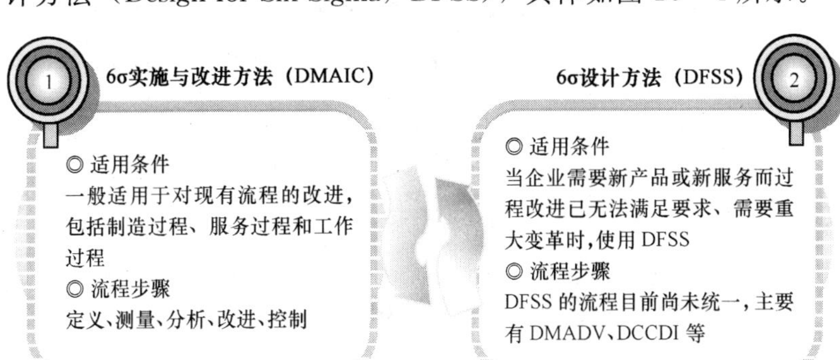

图10—4 6σ管理的两大方法

1. 6σ实施与改进方法

6σ实施与改进方法也称为DMIAC流程，是6σ在改进工作时通过发现问题、测量问题、分析原因，并针对问题的原因找出改进对策，最后采取措施对成果进行控制的过程。

（1）DMAIC流程步骤　DMAIC流程由五个阶段组成，分别是定义阶段、测量阶段、分析阶段、改进阶段和控制阶段。DMAIC的五个阶段是必须执行的，缺一不可，但大步骤中的小步骤可以适当地取舍。具体流程如图10—5所示。

（2）DMAIC各阶段常用工具　DMAIC各阶段的常用工具具体见表10—3。

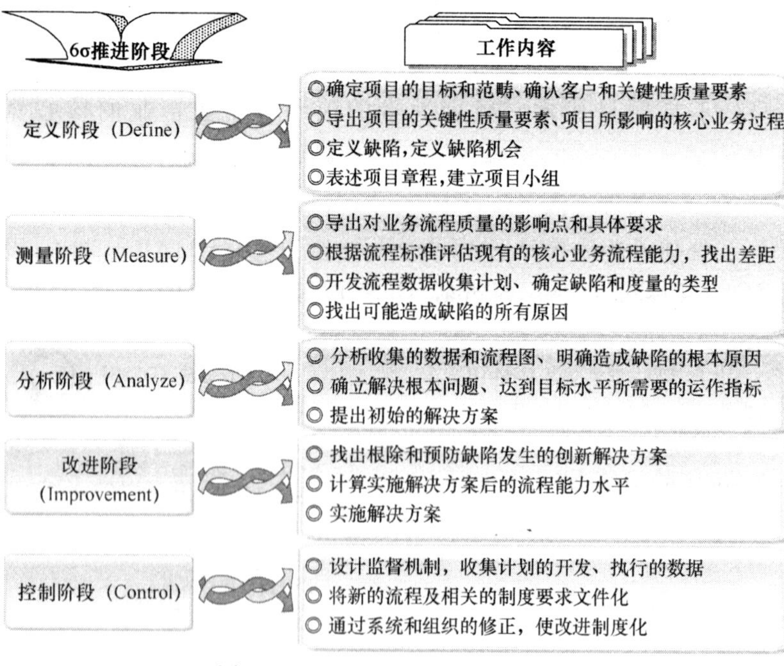

图 10—5　DMAIC 流程具体说明图

表 10—3　　DMAIC 各阶段活动及常用工具

DMAIC 各阶段	活动要求	常用工具
定义阶段（项目启动）	寻找、确定 $Y=f(x)$（关键质量特性 CTQ/关键质量过程 CTP）	头脑风暴、亲和图、树图、流程图、SIPOC 图、SWOT 分析法、平衡记分卡、力场图、鱼骨图、客户声音、KANO 模型、SWO 分析、WBS 分析、项目管理等
测量阶段（确定基准）	测量 $Y=f(x)$ 或 XS（关键变量）	排列图、鱼骨图、散布图、流程图、测量系统分析（MSA）、失败模式和影响分析（FMEA）、过程能力指数、劣质成本、水平对比法、直方图、检查表、抽样等
分析阶段（确定要因）	确定 $Y=f(x)$	头脑风暴、鱼骨图、假设检验、水平对比法、方差分析、实验设计、抽样、多变量分析、回归分析、箱线图、实验设计、假设实验、劣质成本等

续表

DMAIC 各阶段	活动要求	常用工具
改进阶段（消除要因）	优化 $Y=f(x)$	实验设计、质量功能展开、测量系统分析、过程改进、假设检验、变量分析、田口方法、仿真技术等
控制阶段（保持成果）	更新 $Y=f(x)$	控制图、统计过程控制、防错措施、过程能力分析、标准操作程序、控制图和控制计划、目视管理等

（3）DMAIC 使用注意事项　企业在运用 DMAIC 流程时需要注意以下 4 点：

①在 6σ 管理实施的初期，许多问题可以通过简单的统计数据来解决，但花大力气收集数据可能会浪费大量的人力、物力、财力，这些需要黑带在实施 6σ 管理时进行规划。

②当项目难以获取大量的数据时，应换一种思维，如收集竞争对手的数据，或寻找一些潜在的客户群数据等。

③运用 DMAIC 进行优化时，要注意避免敏感的峰值数据点，减少风险，保证其方法的可靠性。

④要避免活跃的数据点，其中包括一些非确定性因素，这些因素的变动极有可能会导致项目的失败。

2. 6σ 设计方法

6σ 设计（DFSS）是基于并行工程的思想，在企业解决产品的生命周期系统问题时所采用的方法。6σ 设计应把关键客户的需求融入产品设计的过程中，从而确保产品的开发速度和质量，降低产品生命周期成本，解决企业的产品设计问题。

（1）DFSS 的 6 种流程　DFSS 的流程目前尚未统一，DFSS 的流程主要包括以下 6 种，具体如图 10—6 所示。

DFSS 各类步骤中所使用的管理工具基本相同，以下主要对 DMADV 流程进行说明。具体流程如图 10—7 所示。

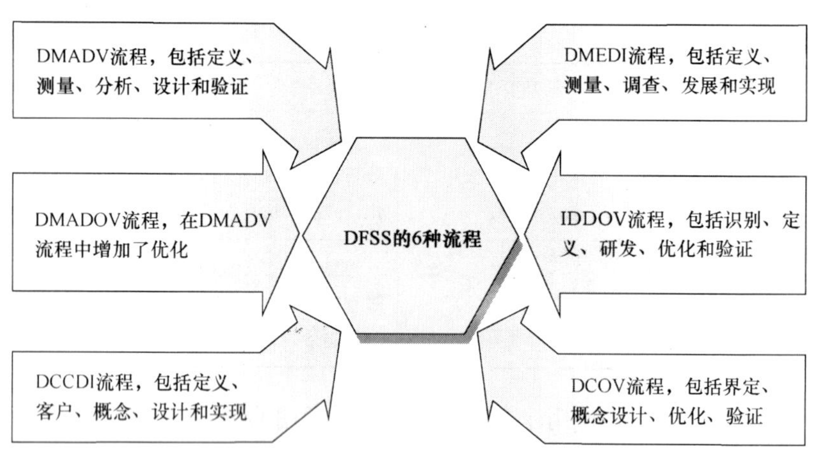

图 10—6　DFSS 的 6 种流程

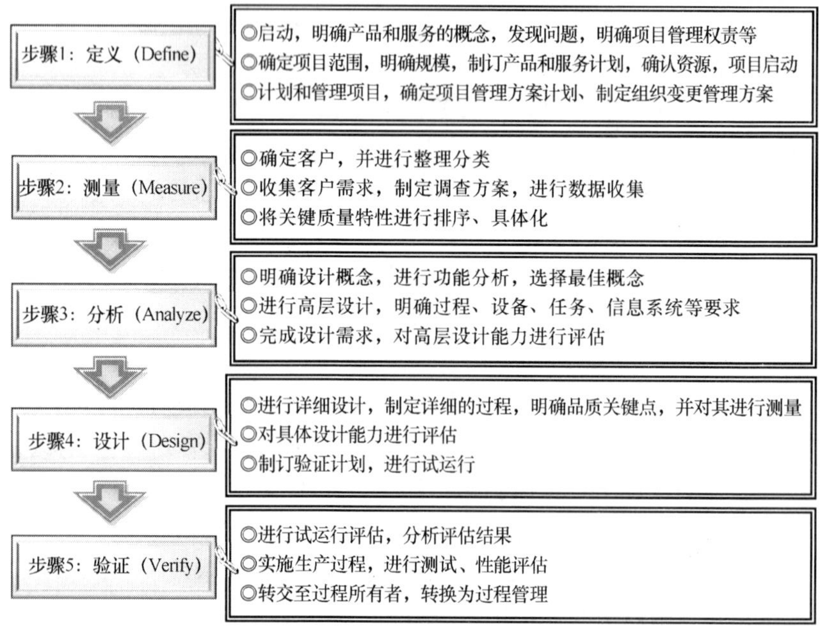

图 10—7　DMADV 流程说明图

（2）DFSS 适用工作范围　DFSS 流程可以运用于企业运营的各个方面，主要适用于以下 4 个方面的工作：

①新产品开发设计、新服务设计、新流程设计。

②在 6σ 管理中快速进行 6σ 设计。

③突破 6σ 管理绩效屏障，达到 6σ 管理水平。

④产品的可靠性设计。

10.1.6　6σ 管理工具

6σ 管理过程特别强调灵活地使用数据支持决策，强调数据的统计分析、实验设计。所以，6σ 管理所使用的工具主要包括下列 4 大类。具体见表 10—4。

表 10—4　　6σ 管理工具一览表

分类	具体方法
质量数据统计与分析工具	质量数据统计与分析工具包括箱线图、直方图、实验设计、正态概率图、抽样、测量系统分析、相关性分析、回归分析等
质量过程控制工具	质量过程控制工具包括因果矩阵图、工序质量影响因素分析、过程能力指数、过程质量控制图、层别图、防呆法、检查表法等
其他普通工具	其他普通工具包括项目任务书、SIPOC 图、CTQ 树、因果关系矩阵图等
其他超级工具	其他超级工具包括 VOC（客户声音）、实验设计、标杆管理、SPC、ISO 9000 等

综上所述，6σ 管理本身就是一个庞大的工具体系，与众不同的地方并不是某一个具体的工具，而是这些工具被运用的方式。

1. 工作说明（SOW）

工作说明（Statement Of Work，SOW）是合同的附件之一，具有与合同正文同等的法律效力。SOW 详细明确了客户的要求和承制方（企业）为实现客户要求必须开展的工作，使产品的管理和质量保证建立在法律依据之上，是质量监控的有力方法。

（1）SOW 的内容　SOW 的主要内容如图 10—8 所示。

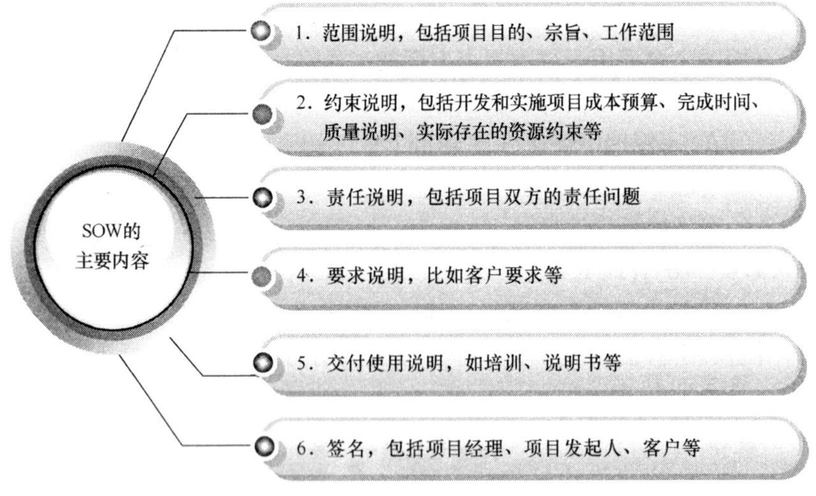

图 10—8　SOW 的主要内容

(2) SOW 适用条件　SOW 说明了项目的用途、范围与途径，实现按正确的方向安排项目策划工作，其具体的适用事项如图 10—9 所示。

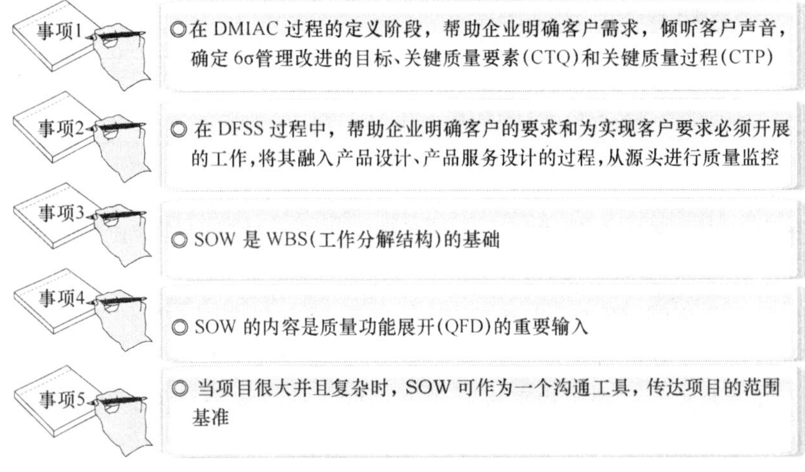

图 10—9　SOW 的适用条件

（3）SOW 实施步骤 SOW 的实施步骤如图 10—10 所示。

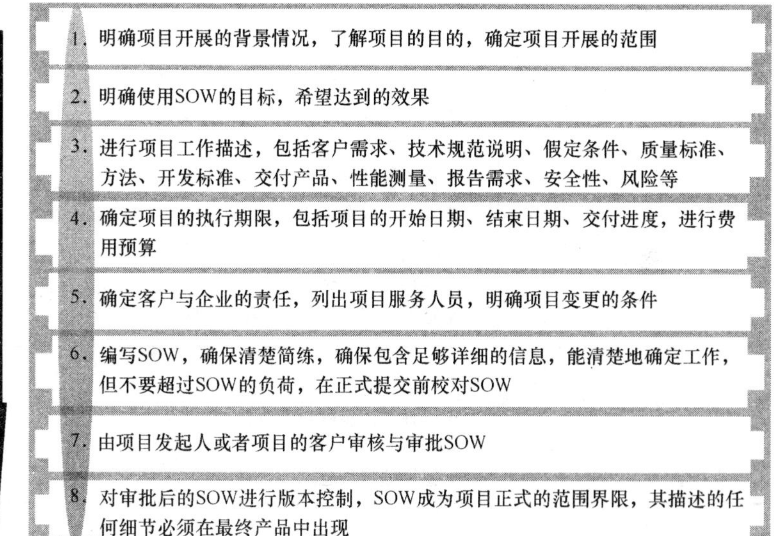

图 10—10 SOW 的实施步骤

2. 客户声音（VOC） 客户声音（Voice of the Customer，VOC）是指客户对产品和服务的要求和渴望。它不仅是指市场调研、客户满意度追踪或抱怨处理，也是一种将客户需求和渴望嵌入企业组织结构的途径，企业不仅要聆听客户的声音，更要针对听到的信息采取行动。

VOC 是支持高级 6σ 管理流程中的一部分，是 6σ 管理的一个工具和方法。企业可在 VOC 的基础上明确客户需求，从而提炼产品、服务的关键质量因素（CTQ），提出流程改善、创新的建议。

（1）VOC 适用条件 6σ 管理通过 VOC 实现以客户为中心、追求客户满意度。在 6σ 管理中，VOC 适用于 DMAIC 流程的每一步，具体见表 10—5。

表 10—5　　VOC 在 6σ DMAIC 中的适用情况分析

DMAIC 流程	VOC 的适用情况
定义（Define）	◆定义由客户提出的问题和改善要求 ◆识别客户需求，识别关键质量要素
测量（Measure）	◆依照属性标定客户满意度和认知度 ◆建立绩效基准
分析（Analyze）	◆量化客户需求 ◆把 VOC 数据连接到运行数据中
改进（Improvement）	◆改善优先区 ◆选择关键步骤帮助改善
控制（Control）	◆持续监督满意度和认知度

（2）VOC 使用程序　企业实现 6σ 管理水平，在运用 VOC 工具挖掘客户需求时的使用程序如图 10—11 所示。

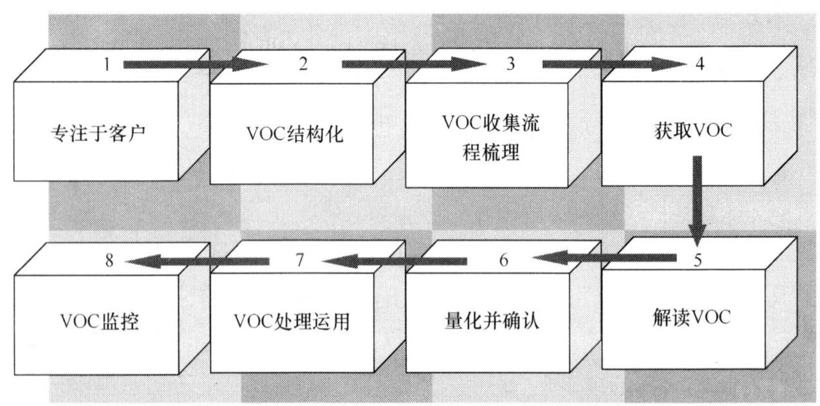

图 10—11　VOC 的使用程序

(3) VOC获取与整理分析方法　企业获取VOC的方式有许多种，主要包括调查、访谈、在线论坛、客户行为观察、试用、客户购买记录、保修记录、客户投诉、客户对产品的修改、电话中客户的音调、客户数据仓库等。

企业在获取VOC后，需对VOC进行整理、去假存真、归类、分析、提炼、重要性排序等。此处可采用的工具和方法包括KANO分析、QFD、客户任务图等。

3. 并行工程

并行工程（Concurrent Engineering，CE），也称为并行设计（Concurrent Design）或同步工程（Simultaneous Engineering），是一种对产品及其相关过程（包括制造过程和支持过程）进行并行、集成化处理的系统方法和综合技术，由美国国防部防御分析研究所于1988年12月首先提出。

并行工程是指融合企业的一切资源，在设计新产品时，前瞻性地考虑和设计与产品的整个生命周期有关的过程，在设计阶段预见到产品的制造、装配、质量检测、可靠性、成本、客户需求等各种因素。

(1) CE适用条件　并行工程适用于企业进行客户需求分析、设计、制造、装配、质量检测、成本、销售等产品或业务的整个生命周期，是DFSS的重要方法之一。具体在质量管理方面可满足以下两个事项。

①对客户持续关注，使产品或服务设计尽量满足市场、客户的需求，即将客户需求转化为设计需求，将设计需求转化为产品或服务的质量特性。

②产品、服务设计时考虑企业内部生产和装配的要求，使产品设计修改返工次数尽量减少，尽快开发新产品。

(2) CE使用程序　并行工程的使用程序如图10—12所示。

(3) CE实施的要点　并行工程的实施要点见表10—6。

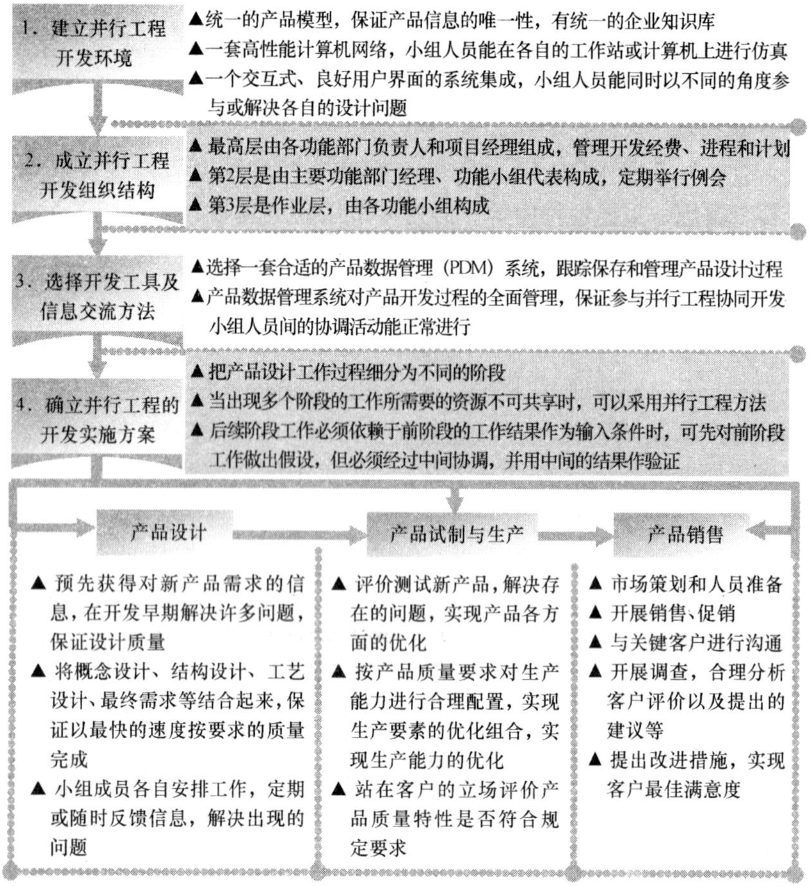

1. 建立并行工程开发环境
▲统一的产品模型，保证产品信息的唯一性，有统一的企业知识库
▲一套高性能计算机网络，小组人员能在各自的工作站或计算机上进行仿真
▲一个交互式、良好用户界面的系统集成，小组人员能同时以不同的角度参与或解决各自的设计问题

2. 成立并行工程开发组织结构
▲最高层由各功能部门负责人和项目经理组成，管理开发经费、进程和计划
▲第2层是由主要功能部门经理、功能小组代表构成，定期举行例会
▲第3层是作业层，由各功能小组构成

3. 选择开发工具及信息交流方法
▲选择一套合适的产品数据管理（PDM）系统，跟踪保存和管理产品设计过程
▲产品数据管理系统对产品开发过程的全面管理，保证参与并行工程协同开发小组人员间的协调活动能正常进行

4. 确立并行工程的开发实施方案
▲把产品设计工作过程细分为不同的阶段
▲当出现多个阶段的工作所需要的资源不可共享时，可以采用并行工程方法
▲后续阶段工作必须依赖于前阶段的工作结果作为输入条件时，可先对前阶段工作做出假设，但必须经过中间协调，并用中间的结果作验证

产品设计
▲预先获得对新产品需求的信息，在开发早期解决许多问题，保证设计质量
▲将概念设计、结构设计、工艺设计、最终需求等结合起来，保证以最快的速度按要求的质量完成
▲小组成员各自安排工作，定期或随时反馈信息，解决出现的问题

产品试制与生产
▲评价测试新产品，解决存在的问题，实现产品各方面的优化
▲按产品质量要求对生产能力进行合理配置，实现生产要素的优化组合，实现生产能力的优化
▲站在客户的立场评价产品质量特性是否符合规定要求

产品销售
▲市场策划和人员准备
▲开展销售、促销
▲与关键客户进行沟通
▲开展调查，合理分析客户评价以及提出的建议等
▲提出改进措施，实现客户最佳满意度

图 10—12　并行工程的使用程序

表 10—6　　CE 的实施要点说明表

实施要点	具体说明
强调团队	◆在设计开始，把产品的整个生命周期所涉及的人员都集中起来，确定产品性能，对产品的设计方案进行全面的评估，集中众人智慧，得到优化的结果

续表

实施要点	具体说明
支持平台	◆完整的公共数据库，集成并行设计所需知识、信息和数据 ◆支持团队人员并行工作、异地工作的计算机网络，实时沟通，发现并调解冲突 ◆切合实际的计算机仿真模型和软件，由一个设计方案预测和推断产品的制造及使用过程，发现隐藏的阻碍并行工程实施的问题
设计的并行管理	◆设计过程中，团队领导定期或者不定期地组织讨论，团队成员随时从各个方面审查设计出的产品和零件，使设计出的产品不仅外观美、成本低、便于使用，且便于加工、装配、维修、运送，产品综合指标达到满意值 ◆可保证设计出的最终原型集中各方面专家的智慧，在很大程度上可避免因设计缺陷而造成产品返工，或因设计反复修改而造成人、财、物的浪费
设计过程系统性	◆并行设计将设计、制造、管理等过程纳入一个整体的系统来考虑，设计过程不仅要完成图纸和其他设计资料，还要进行质量控制、成本核算，也要编制进度计划等
快速反馈	◆工作小组可通过网络向各方面的专家咨询，专家应对设计结果及时审查，并及时反馈给设计人员，以便大大缩短设计时间、保证将错误消灭在“萌芽”状态，杜绝错误的延续
关注客户	◆重视客户的要求，倾听客户声音，从全局优化的角度出发，对产品整个开发过程进行集成管理与控制

4. 6σ 记分卡

6σ黑带大师普利文·古塔根据平衡记分卡，将6σ和平衡记分卡完美结合，创造了高效的企业绩效测评体系——6σ记分卡。运用6σ可以启动专案，衡量、分析与解决问题，获得稳定或大幅度的改善，从而给企业带来持续性的突破。

(1) 6σ记分卡框架　6σ记分卡将不同测量指标划分成7大部分，具体如图10—13所示。

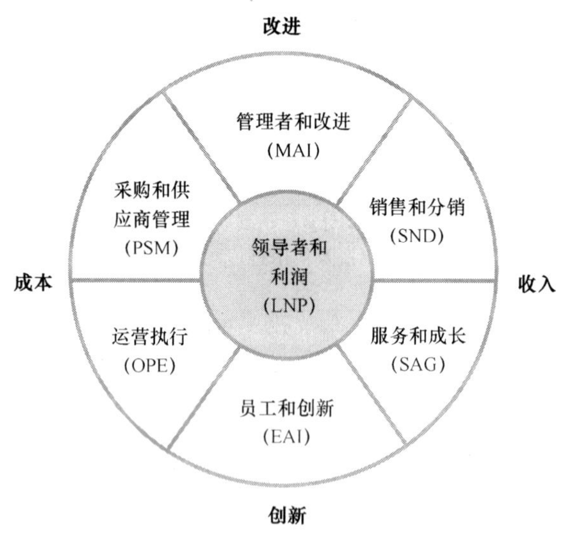

图 10—13 6σ 记分卡框架

6σ 记分卡七大部分中每一部分都有相关的测量指标，构建了一个极具代表性的企业绩效指标表，具体见表 10—7。

表 10—7 6σ 记分卡测量指标表

七大部分	目标	测量指标
领导者和利润	领导企业健康发展，实现盈利	对员工的认可程度、资源利用率、投资回报率、资本负债率、利润等
管理者与改进	大幅度改进企业质量管理系统	设定目标、改进率、改进计划
员工与创新	充分挖掘员工智慧	员工人均创新建议、员工人均投资、员工人均专利及出版物数量等
采购与供应商管理	降低物料、服务成本	开支和销售收入、供应商缺陷率、物料和服务成本
运营执行	提高绩效水平	运营周期、流程缺陷率、客户缺陷和缺陷总数
销售和分销	管理客户关系，赢得收益	销售数量、新业务收入、销售总收入、利润和销售额
服务与成长	获得竞争优势，不断成长	客户满意度、客户稳定性、重复业务和销售总收入、新产品与服务

（2）6σ 记分卡实施步骤　6σ 记分卡的实施步骤如图 10—14 所示。

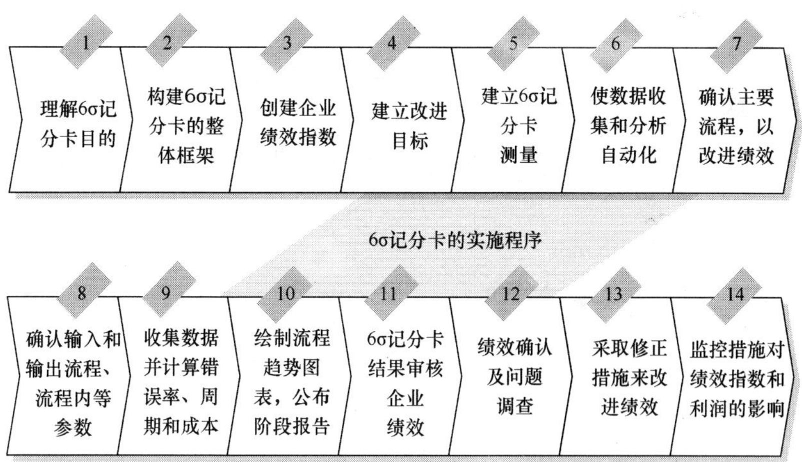

图 10—14　6σ 记分卡的实施程序

（3）6σ 记分卡适用条件　6σ 记分卡是提高企业绩效与利润最有效的方法，同时也可以帮助企业实施一个成功而且可以测量的 6σ 项目，其主要的适用情况如下：

①确定企业的 6σ 管理水平。

②明确企业目标和 6σ 项目实施目标，在企业各层级有效实施 6σ 管理。

③特别设计的企业绩效指数可监控企业状况，发现缺陷，进行纠正。

企业导入 6σ 记分卡后，其继续反映新的流程结果 Y，而部门负责人或流程负责人则应继续监控找出重要的 X。结合内外部环境条件，企业可通过 6σ 记分卡发现运营过程中的缺陷，找出绩效改进点，从而持续有效地提高企业绩效水平，增强企业的竞争实力。

10.2 6σ 管理实务

10.2.1 6σ 管理推进流程

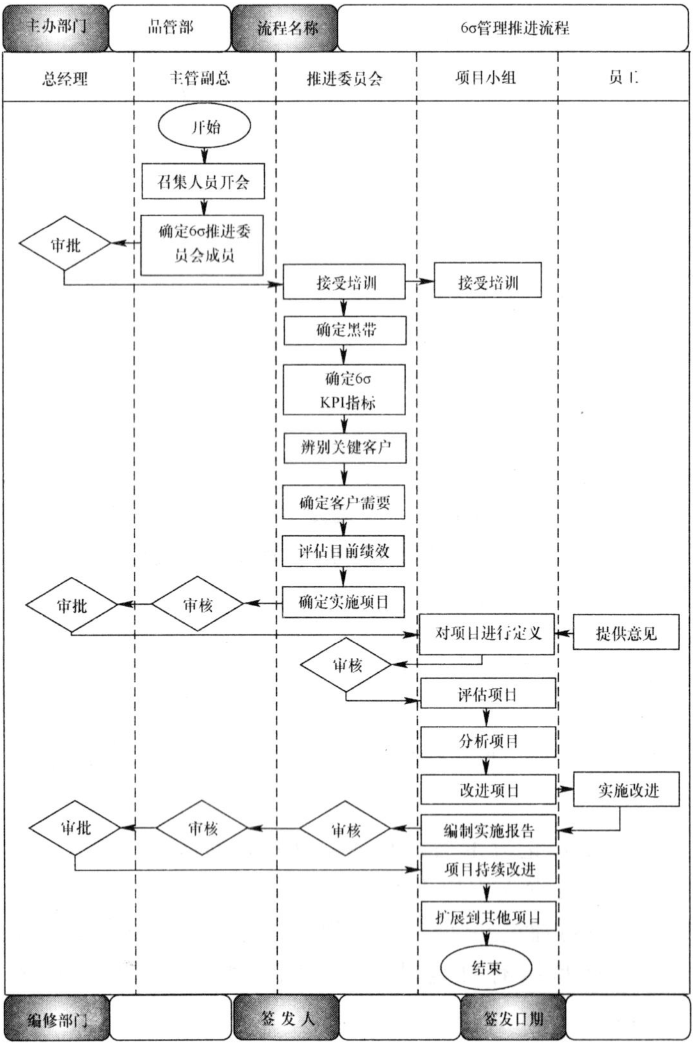

10.2.2 6σ 管理应用案例

以下为某公司运用 DMAIC 方法，改进产品生产质量流程的案例。

案例名称	关于 DMAIC 流程应用于生产制程质量检验改进的案例	编　号	
		执行部门	

某公司为提高公司的 6σ 管理水平，公司决定采用 DMAIC 方法，对公司的生产制程质量检验流程进行分析与改进，消除产品质量缺陷，促进公司产品质量的提高。

一、问题调查与分析

1. 问题总结

（1）由于产品出现了质量问题，降低了客户的满意度，以至于减少了产品的最终销售量。

（2）产品质量出现问题导致其他相关协调部门的连锁工作，增加了管理的难度和工作量。

（3）产品质量出现问题使得企业受到严重损失，增加了企业的管理成本。

2. 问题分析

公司总结了最近两年来出现产品不合格的次数，统计了这一问题给公司带来的损失，得出的结果见下表。

产品质量问题统计结果

年份	平均每月产品不合格率	采购成本损失（万元）	管理成本损失（万元）
2009	3.9%	857.6	100
2010	4.0%	910.3	105
2011	4.5%	956.8	162

从上表的数据中可以看出，产品不合格率和相关损失有逐年上升的趋势。随着公司生产规模的扩大，因产品质量问题给公司带来的损失呈不断增加的趋势。

二、确定项目目标和计划

1. 项目开展目标

该项目以降低产品不合格率为目标，以增强客户满意度和公司的经济效益为总的指导原则。项目预计将产品不合格率降低到 1.5%。

2. 项目组织

公司组织项目小组，开展生产部的产品质量流程改进工作，项目由 5 人组成团队，

续表

案例名称	关于DMAIC流程应用于生产制程质量检验改进的案例	编　号	
		执行部门	

包括项目负责人1人，其他每个阶段的项目负责人1人，具体人员、时间安排与职责见下表。

项目组织与计划

团队名称	“生产制程质量检验改进”团队		
使命	减少因产品质量问题而造成的经济损失，将产品不合格率降低到1.5%		
效益	减少采购成本损失，降低生产管理成本，提高客户满意度		
项目负责人（黑带）	张某	倡导者	王某
过程负责人	李某	改进负责人	赵某
各阶段负责人	**阶段**	**目标完成日期**	**阶段负责人**
	D阶段	____年__月	郭某
	M阶段	____年__月	刘某
	A阶段	____年__月	陈某
	I阶段	____年__月	周某
	C阶段	____年__月	孙某
项目负责人（黑带）职责	1. 召集团队会议		
	2. 指导团队活动（拟定程序、工作分配、安排优化顺序）		
	3. 负责各阶段报告		
	4. 确定6σ工具和技术		
	5. 提供项目改进最新信息，协助倡导者开展工作		
	6. 与执行各阶段过程的管理者保持联系，协调项目进展		
项目成员职责	1. 参与团队会议和活动		
	2. 就项目涉及的改进与变革提出专业性建议，并提供技术支持		
	3. 执行改进计划，收集资料并加以分析		
	4. 依照团队计划执行，确保过程改进		

续表

案例名称	关于 DMAIC 流程应用于生产制程质量检验改进的案例	编　号	
		执行部门	

三、测量阶段工作

1. 阶段任务

(1) 收集资料，确认生产制程质量检验过程中存在的问题和机会，并进行量化。

(2) 梳理数据，查找产品质量管理方面存在问题的原因。

2. 数据初步统计

项目成员对 2011 年 6 月到 2011 年 12 月间的产品质量情况进行分析，发现这几个月间产品生产的不合格率波动比较大，需要进一步的数据分析。

四、分析阶段工作

1. 分析生产制程质量检验管理流程

公司生产制程检验管理流程如下图所示。

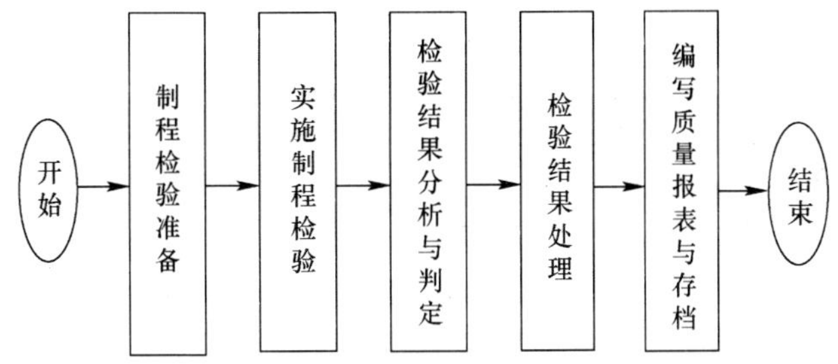

制程检验管理流程

经分析，项目团队发现产品出现质量问题的主要原因可能在于生产制程检验管理过程的不完善。

2. 制程检验不完善的原因分析

为了找到生产制程质量检验不完善的原因，项目团队开展头脑风暴和因果图分析，具体原因见下表。

制程检验不完善原因分析

序号	不完善环节	原因分析
1	检验工作准备阶段	没有明确地选择检验对象，检验范围不定，影响最终检验结果

续表

<table>
<tr><td>案例名称</td><td>关于 DMAIC 流程应用于生产制程质量检验改进的案例</td><td>编　　号</td><td></td></tr>
<tr><td></td><td></td><td>执行部门</td><td></td></tr>
</table>

序号	不完善环节	原因分析
2	实施检验阶段	质检专员只是进行了常规检查，并没有亲自前往生产车间开展实地检验
3	复检阶段	在实施整改后，并没有对整改后的制程质量进行跟踪复检

3. 重新测量统计

项目团队对影响产品质量问题的制程质量检验不完善的 3 个环节进行了重新测量，得出了最终的分析结果。

4. 明确分析结果

项目团队对不完善的环节进行分析，认为检验工作准备阶段、实施检验阶段以及复检阶段都是可控制的，因此，公司需要针对这 3 个环节进行有效的控制，降低产品的不合格率。

五、改善阶段工作

1. 确定项目改进方法

从分析结论上可以看出，产品质量问题的发生主要集中在制程质量检验不完善的 3 个环节，下表是对此进行改进的分析研究以及提出的改进策略。

项目改进方法实施要点

序号	改进点	具体措施
1	明确选择检验对象	质检专员根据检验对象的质量要求，选择具体的质量特征性，包括质量检验对象的尺寸、重量、硬度、力度、外观等，明确检验对象应当达到的规格和标准
2	进行实地检验	除了进行常规检验外，质检专员需要在预定的时间和地点，到生产车间开展实地的检验工作
3	增加复检	质检专员应对限期整改后的制程质量进行跟踪复检，对复检结果进行处理，要求生产部对质量问题进行妥善解决

续表

案例名称	关于 DMAIC 流程应用于生产制程质量检验改进的案例	编　　号	
		执行部门	

2. 确定项目改进方法

为了验证改进效果，项目团队测量 2012 年 1 月和 2 月的质量问题情况，结果显示，1 月份的产品不合格率为 1.42%，2 月份的产品不合格率为 1.04%，基本达到了项目的改进目标。

六、控制阶段工作

1. 完善制度

公司建立和完善生产制程质量检验管理的相关制度文件，使得生产制程质量检验管理过程规范化、制度化、管理科学化。

2. 加强学习和培训

公司对相关人员针对新的规程或技术加强学习和培训，对学习和培训的效果进行检验，力争减少人为错误。

3. 加强监督和检查

公司及相关负责人需要做好以下工作：

（1）对生产制程质量检验的各个环节进行检查，防止出现错误。

（2）对制度及文件执行情况进行监督，确保制度规范能够实施。

（3）监督人员加强自身的防错措施，做好自检，把好自己的质量关。

七、案例综述

某公司通过 DMAIC 工具，对影响产品质量不合格现象的制程质量检验流程进行分析与改善，达到了改进目的，提高了公司的 6σ 管理水平。与此同时，公司增加了 6σ 管理实际工作检验，为以后全面推行 6σ 管理提供了依据。

编制人员		审核人员		批准人员	
编制日期		审核日期		批准日期